U0671309

THE COMPARISON CURE

你根本不用和别人比

[英] 露西·谢里丹 —— 著

渠晶华　张潇雪 —— 译

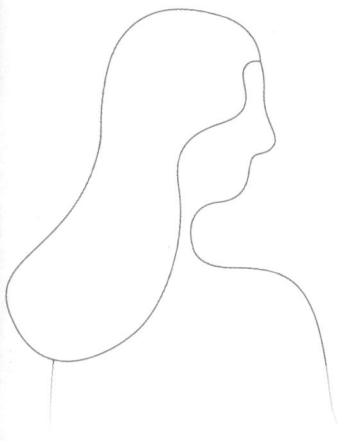

天津出版传媒集团

天津人民出版社

图书在版编目（CIP）数据

你根本不用和别人比 / (英) 露西·谢里丹著 ; 渠晶华, 张潇雪译. -- 天津 : 天津人民出版社, 2021.7

书名原文: The Comparison Cure: How to be less 'them' and more you

ISBN 978-7-201-17374-0

Ⅰ.①你… Ⅱ.①露… ②渠… ③张… Ⅲ.①成功心理 – 通俗读物 Ⅳ.①B848.4-49

中国版本图书馆CIP数据核字(2021)第106430号

中国版权保护中心外国图书合同登记号 02-2020-374

The Comparison Cure: How to be less 'them' and more you
First published in Great Britain in 2019 by Orion Spring
Copyright © Lucy Sheridan 2019
Published by arrangement with Orion Publishing Group via The Grayhawk Agency Ltd

你根本不用和别人比
NI GENBEN BUYONG HE BIEREN BI

（英）露西·谢里丹　著　　渠晶华　张潇雪　译

出　　　版　天津人民出版社
出 版 人　刘　庆
地　　　址　天津市和平区西康路35号康岳大厦
邮政编码　300051
邮购电话　（022）23332469
电子信箱　reader@tjrmcbs.com

责任编辑　玮丽斯
监　　制　黄　利　万　夏
特约编辑　张久越
营销支持　曹莉丽
版权支持　王秀荣
装帧设计　**紫图装帧**

制版印刷　天津中印联印务有限公司
经　　销　新华书店
开　　本　787毫米×1092毫米　1/32
印　　张　9
字　　数　120千字
版次印次　2021年7月第1版　2021年7月第1次印刷
定　　价　55.00元

版权所有　侵权必究
图书如出现印装质量问题，请致电联系调换（022-23332469）

目 录
contents

少一点做别人，
多一点做自己。

你为什么需要这本书

你有没有过这样的时刻，在生活的某个瞬间，当你看着别人光鲜亮丽的生活，你突然被某种巨大的自卑感和自我怀疑裹挟，你质疑自己生活的一切，觉得真是受够了；可能你非常依赖社交网络，每发一条朋友圈你都需要思考如何更好地展示自己的生活；又或者你根本不在乎网上的一切，但长期以来忍不住与他人比较，竞争心理让你变得不再快乐——总之，一旦开始与人比较，等待你的就是无限烦恼。

如果你是这样的，那么这本书对你再适合不过了。

《你根本不用和别人比》是让你看到真实自我的良方，帮你做出真正想要的选择。这本书将打开你人生的新纪元，你的潜能将重新被激发，对于目标的迷茫与烦恼将会烟消云散。而你真正想要的生活，它的轮廓和意义将会愈见清晰，你将一步步走向它，并实现它。

作为一个比较心理教练，我一直致力于探索人与人比较的心理倾向，改善比较心理倾向，避免对人们产生不良的影响。经过反复地试验与不断地完善，最终我整理出一套理论模型与

训练方法，并证明通过这些方法可以大大改善此类心理倾向，
缓解由此引发的心理问题。在这本书中，我将向你介绍这套理
论与训练方法，并把它交到你的手中，鼓励你像曾经的我那样
治愈自己的比较心理创伤。

　　在过去六年多的时间里，从线上 Skype[①] 到线下工作坊，从
个人到团体，从明星到酒吧老板，从电影《哈利·波特》中的
演员到路边发型屋的 Tony（托尼）老师，从青少年到退休老人，
我为成百上千个遭遇比较心理困扰的来访者提供帮助，缓解他
们与他人比较产生的糟糕心理感受，帮助他们重新掌控自我，
做出忠于自己内心的决定。

　　我的使命就是，帮你克服与人比较的倾向，不再计较人生
这场排位赛的名次，获得真正的快乐与能量，最终令真实的你
重新掌控生活的主导权。

---

① Skype 是一款即时通信软件，具备视频聊天、多人语音会议、多人聊天、传
　送文件、文字聊天等功能，是全球免费的语音沟通软件。

如何使用这本书

为了使治愈之旅顺利愉快地进行，在开始之前，有一些要点我很乐意与你分享。

知识是力量的源泉，但如何运用知识，是智慧。

本书从始至终都鼓励你随时记录自己的所思所想、每一阶段的目标以及点滴的感受，在这一过程中你将层层深入，获得新的理解，特别是其中自己所忽视的部分。本书除了让你了解比较心理以及它所设下的陷阱，还提供了充足的指导、案例和实践方法，启发你思考，促使你行动。

每一章的内容都是在前一章基础上的深入。所以，为确保获得最好的效果，请按顺序从第一章开始读到最后一章。请一定花时间去做每章的练习题，这样你的比较心理倾向才会慢慢得以改善，真实的你才会重获主导权。如果可以的话，我也建议你尽量按照每章末尾的行动小贴士去练习，并结合自身情况，记录下练习过程中最深刻的感受。

你会发现，从主题概念探讨到行动实践指导，各章节之间有难有易，有的章节你读起来可能很轻松，有的章节则迟迟无法推进下去。不必担心，这就像你去健身房做间歇训练一样，遇到关键阶段，你总需要多花点时间。所以在阅读本书的过程中，你也需要考虑自己接收、消化信息的能力以及实践的水平，根据自身的节奏来适应章节间难易的程度。我的目的是使来访者看到真实的进展，发生真正的改变。比如第三章"了解你真正想要的"，这一章可能读起来比较吃力——阅读与实践的难度很大——这章旨在帮你找到自身比较心理的动机和根源，这是治愈的关键，因此我花了较多的篇幅来介绍。所以在此说明一下，各章节的不同比重和难易程度的编排是出于这样的考虑。

就像上面提到的，我们的治愈过程好比去健身房做运动的训练过程，根据你身体各部分的肌肉状况、身体各区域的功能运作，制定的训练方法也因人而异。打个比方，它恰恰与竭尽体能，不可停歇，一口气跑完的马拉松长跑截然相反——它是一个循序渐进、在摸索中行进、时常反思的过程。

最后，我希望《你根本不用和别人比》可以成为专属于你个人的工具书，你要行动起来——在书的空白处做笔记，把说到你心坎里的句子拍下来，划出引起你共鸣的段落，在需要记忆的页上折角，时常翻阅，重温那些对你有用的部分，不断利用它而不要只把它放在书架上。

比较心理的功能

> "比较之心一旦燃起，
> 就如家中遭遇窃贼，它偷走了你的快乐。"
> ——西奥多·罗斯福

什么是比较心理

"比较"一词在辞典中的定义是，"对两个人或事物之间的相似性或区别性做出考量或评估。"这听起来并没什么大不了，但真的是这样吗？

当我们开始比较，并过分看重比较结果对我们的意义，当与他人的比较变成一种习惯，这种习惯给我们的生活带来诸多困扰，这时候问题就出现了。比如，像咬指甲的小动作，虽无伤大雅，但也对身体无益。换言之，你可能偶尔会因你的事业烦恼，或听说某个同事又享受了头等舱待遇而对人家指指点点。

更极端的情况是，一种心理郁结可能因此形成。我们在比较中进行的价值评判，会演变成一套关于自己和他人的信念，而它支配着我们的思维模式和行为方式，操控着我们的生活——就像被困于迷雾中，视线受阻，找不到出路。

无论是偶尔的嫉妒之心使你落入些许尴尬，还是与他人的比较行为已经在你的生活中对你造成严重、经常性的困扰，这本书都可以为你提供帮助。

比较心理从哪里来

与人比较作为普遍的心理问题不是才出现，而是已经跨越了千年。想要拥有别人的东西，这种想法在很早以前就被认为十分危险，以至于在《圣经旧约·出埃及记》中这样写道：

> "你不可贪恋邻居的房屋；
> 不可贪恋邻居的妻子、仆婢、牛驴，和他所拥有的一切。"

当然并不是古代所有的例子都适用于今天——老实说，我觉得多看两眼邻居家的驴也没什么——但是至少可以判断出，把视线越过自家围栏打量邻居家的财物这种事自古有之。

苏格兰哲学家大卫·休谟是最早探讨比较心理及其影响的先哲之一。他在《人性论》中，研究了人性的"恶"与"嫉妒"的问题。他这样写道：

"与不如自己的人比较，人会获得一种快乐。

当不如自己的人有所提升，与自己的差异缩小，

原本只是快乐的程度降低，但因为对比之前获得的快乐，

而一下子成为真实的痛苦。"

最终，休谟得出结论，使我们烦恼的是我们与同类人进行比较这件事本身。当我们看到原本与我们处在同一水平的人可能由于社交圈、年龄或背景方面等原因不断进步，最终把我们甩在身后的时候，用休谟的原话来讲，是最"痛苦"的时刻。

有证据显示，与人比较以及由此引发的对社会地位的焦虑，已成为近几个世纪十分普遍的问题。"赶上隔壁琼斯家"（谚语，意为在社会地位及物质财富上不落后于人）进入了整个19世纪的群体语境；而这种普遍的观念在20世纪50年代演变成家喻户晓的畅销卡通连环画。"不能输给别人"的想法于是经受了时间的考验——那个假想的琼斯家的社会地位我要达到，他们拥有的东西我要得到，他们做的事情我也要去做。只有这样，我才算过上了体面的生活。

所以，与人比较的心理确实由来已久，并且不是什么好现象。但是为什么我们要这样对待自己呢？

心理学家利昂·费斯汀格于1954年在学术界正式提出社会比较理论。他指出，人具有天生的、内在对自己进行评估的倾向。这种评估是通过把自己同其他人比较得来，也就是说，在评估过程中，我们通过观察自己与他人的不同来进行自我反省、自我评价和

自我定义。

　　费斯汀格认为，我们会利用这种内在的比较趋向与能力，以他人作为衡量的标尺，来做出关于自身更准确的判断。比如，我的工作主要是销售，那么我会同那位销售纪录冠军——每月都能完成任务无一失利的同事进行比较。如果发现自己能力不如他，我会受到激励，付出更多努力提升自己在这方面的工作表现……或者相反，觉得自己永远不可能超越他，从此一蹶不振。

　　其理论的核心，就是通过与他人比较，获得对自己的表现、能力、观点、信念的了解。通过不同的比较，我们对自己有不同程度的了解。根据费斯汀格的理论，社会比较分为两类：

- **上行社会比较**是将自己与我们认为比我们更优秀、更杰出的人比较。因为我们想要提升自己的能力或改善人生现状，所以我们可能会关注比自己做得更好的人，以他们为目标，寻求策略，提升自己，从而获得跟他们一样的成就。

- **下行社会比较**是我们将自己与表现不如我们的人进行比较。这种比较会给我们带来安慰，让我们觉得自己的处境、潜能或生活中可能正在发生的事情都还不是那么糟。虽然我们不能做到最好，但至少还有人比我们更糟糕，我们不是最差的。

比较心理溯源：它自进化而来

追根溯源，比较心理总是发挥着一定的作用：它帮助我们探索和理解自己在所处群体中的位置；它也说明原始人类身上有助于生存的特质会在进化过程中被遗传下来。

我们的祖先日日处在岌岌可危的生存环境中。他们结成群落猎食杀敌，这样才得以生存。如果你落单，你就暴露在危险中，就算不会死于大自然的严酷环境，也多半会成为一只剑齿虎的美餐。于是，我们要通过比较行为，找到适合自己的群体加入，确保自己被群体接纳，并得到群体中其他成员的重视。

我甚至可以想象冰川时代原始人部落的情景：

"卡罗，你家山洞墙壁的壁画真好看——难道你有练习画壁画吗？"（心里暗暗对自己说：我要加紧练习壁画，让我家的墙壁和卡罗家的一样好看。）

"长老，今天很荣幸为您搜集火种，希望今晚的营火还够暖。"（心里暗暗对自己说：我要勤加练习生营火的技能以保住这份工作。）

"明天很高兴能和你们一起去打猎——不，不！一点问题也没有！"（心里暗暗对自己说：自己射长矛的技术要练得更精湛，不然下次遇到剑齿虎的攻击可就没那么容易逃脱了。）

你这样说，这样做，是因为你需要让群体中的其他成员喜欢你，重视你的存在。通过将自己与他人比较，我们评估自己的地位，建立和展现我们的价值观，保持我们在人生以及在群体部落中的地位。

随着我们社交技能的发展，比较也在为我们指路，我们一边前行，一边调整自己的步伐以适应接下来可能面临的挑战。你也听说过适者生存，不适者淘汰对吗？达尔文主义弱肉强食的法则！通过与人比较，我们选择改变外貌、思想与行为以适应环境的要求，从而增强自己竞争、生存、繁衍的能力。由于有助于生存，比较也同其他特质一样被传承下来。

比较情结影响到谁

在你开始审视与疗愈比较心理之前，需要强调一点：不受比较心理负面影响的人在地球上是存在的，并且就在你我身边，这些人没有因与他人比较而产生自我怀疑和复杂的情绪。对于他们来说，人生如梦中的疆野，展现出一切可能。

"哦，你订婚了？太棒了！总有一天我也会遇到生命中的爱人！"

"听说你拿到了生意所需要的全部投资？恭喜！我这边也正努力实现商业增长。"

"哇，你获得了那个奖项的提名？太棒了！我也要提升我的实力，总有一些奖等着我！"

讽刺的是，这些人也是我过去羡慕、比较的对象，我像研究稀有人种一样研究他们，为他们强大的自我所折服。值得庆幸的是，比起以前为比较心理所累的自己，现在的我已经能接近这些人的心态。

但是大多数人，包括正在阅读此书寻求帮助的你，与我有着相似的问题。对我们来说，不与人比较并不容易。我们需要付出努力，大量实践并提升自我意识，建立同样强大的自我，并做到游刃有余。这里的重点是，要获得强大的自我，你需要加深对自己的了解，看清使我们在比较的旋涡中越陷越深、不能自拔的心理习惯与行为模式。

比较心理影响着我们大多数人，因为从很小的时候我们就开始比较。如果你回想童年，你会看到它的影响力。在很小的时候，我们就接收到的反馈和信号，让我们不太想做自己，甚至不太敢做自己。

- *"我死也不会穿那件衣服的！"* ——也许你在聚会上听到朋友对某人的穿着进行批评，你对自己说：不要穿太有个性的衣服，普普通通随主流就好。

- *"扫兴的人谁喜欢！"* ——当你表达自己感受的时候，你的堂弟可能会取笑你。你对自己说：我的真实感受说出来很可能会让别人不喜欢我，没有朋友。

- *"什么？你竟然喜欢那个人？真的假的！"* ——游乐场上的玩伴会当着你的面大笑。你对自己说：我喜欢的人必须符合同龄人的评判标准，而不是我自己的。

如果发现上述场景在自己生活中有多常见也不要害怕——诚实地面对自己，这样我们才能继续。现在，请回忆以往在你生活中出现过的信号和场景，让你觉得做自己是不舒适的，然后写在这里：

回想你上学时在学校操场上和小伙伴们一起玩耍的场景，在你的同伴群体中是不是也有一套丛林法则？青春期正是一个人个性形成的关键时期，也是拉帮结伙的时期，这时候谁想被贴上"怪胎""不酷"或"失败者"的标签呢？融入群体，跟随主流，意味着别人对我的接纳，拥有集体归属感和安全感。而特立独行的代价，轻则造成社交尴尬，严重的则会遭受别人的霸凌，导致深远而痛苦的影响。不知从哪个时刻起，哪里开始变得不对劲了。

从小我们就把"怎样是对自己最好的"替换为"怎样会被他人接纳"。很多人担心别人对自己的看法，尽管这种担心是非理性且无用的，但还是会被深深地困扰着，对自我成长，对自己真正想要的、需要的以及喜欢的都造成了严重的影响。这在一定程度上使我们做出妥协，比如不得不去自己不喜欢但朋友喜欢的餐厅吃饭，勉强做一份已经感觉不再享受其中的工作，或是继续一段自己不再珍视的友情。再自信的人，也有迷失自我、不知所措的时候。

也许你投入数年的时间与精力接受训练，只为得到一份你父母明确认同的工作；也许你的恋情本已走到尽头而你却迟迟未提出分手，因为你担心单身太久，别人说你不正常，害怕朋友们在聚会上议论你单身的事；也许你发现自己竟然会去不喜欢的地方度假，只是因为社交媒体热门旅游标签关键词推荐了这个地方，你希望通过在这个网红景点打卡而收获朋友圈一波羡慕的点赞；也许你在某个地方居住完全是因为你觉得应该在这儿，虽然窗外的景色可能令你不快。

以上哪个情景与你产生共鸣?

_____

_____

_____

被别人喜欢的需要是如何影响你的?

_____

_____

_____

我的故事

我记得自己从很小的时候就有比较心理的困扰,如果你在儿时有过类似的经历,那你并不孤单。

5 岁时,当我看到刚出生的小弟,我在想他是不是比我可爱。上学后,我就把能不能拼对单词,游泳比赛能否夺冠作为我与同学比较的标尺,在心里把自己和同学们排名,这样较劲的心理持续了整个青少年时期,直至成人。而长大以后,那个想象中的"谁是第一名"的游戏并没有停止,总是通过与他人的比较来证明我做得不错。

　　我的比较心理状态发展到顶峰是我参加完一次同学聚会，那时我快 30 岁了。那天原本很快乐，美酒佳肴，大家叙旧聊天，彼此交心畅谈人生故事到很晚。可能是聊小时候的事聊得太开心，在聚会的气氛之下我全然忘记了自己正在经历的、在当时的我看来不值一提的、庸碌无常的生活。其实，那一段时间我与男友（现在的老公）正处于人生的窘境中。由于经济衰退的影响，他的工作受挫，生意不景气，我们担心的糟糕的结果也变成了现实，我们抵押了自己的房子。我感觉自己好像亲眼看见一场车祸，看着慢镜头下的一切一点点被摧毁瓦解。表面上我镇定自若，轻松自如地与人说笑，但只有我自己知道，心里那根绷紧的弦随时可能会断掉。

　　那天晚上，我被一个个体面的同学们包围着，大家看起来都无忧无虑。我们在社交网站上互相加了好友，一夜间我的社交网络扩大了三倍。

　　对于当时在现实生活中已经心力交瘁、脆弱无助的我来说，这个举动如同火上浇油。手机上联系人名单扩充了，给我做比较的对象资源也丰富了，天天上网的习惯一发不可收拾。沉溺于其中的我就这样用手指划着屏幕，内心跌入谷底，在那里我完全忘记了我是谁，我要做什么，我的人生什么才是重要的事；在那里只有不断地下坠，下坠……而我身体里潜伏的比较心理也开始强迫症般地爆发出来。

　　看到谁晒了一个健身照，我就会站在镜子前把自己身上每一块肌肉的线条、手脚臂膀，与照片中的人比较上一个小时。我将三个人的社交动态设为特别提醒，以便我随时跟踪他们的最新动态。我存储别人的信息，有时直接用手机截屏他们所发的状态，来提醒自己他们已经达到了什么成就。如果我的好奇心被进一步激发了，我还会旁敲侧击，和别人打听小道消息，来获得更多关于我在网上看到的某个人某件事的信息。比较心理已经把了解别人正在干什么变为我每天必做的事，然而我对此也无能为力。

改变发生在两年后的一个星期六下午。记得当时我仍在玩手机，一口气看了一个人长达三年的脸书相册，就在我对着他发的去马尔代夫的度假照片翻白眼的时候，我的手机由于过烫，突然屏幕死机。这也是对我自身状况的一个隐喻，我同人比较的心理，确实像手机一样已经发热过头完全失控。我怎么会落到如此境地——怎么会在自己和朋友的比较中，感觉如此自卑、迷失、无能为力、失去自我？我不只是和朋友比，说实话，是在和所有人比。

然后我突然意识到，如果我可以觉察我在比较过程中的想法和感受，那么我是否也可以通过觉察自己的想法和感受而从中跳脱出来，重拾自我呢？我至少要去尝试。

为了走出这个亟待攻克的个人困境，首先，我找了些入门的资料，比如听演讲或翻阅书店里心理自助书籍。接着，我报名了一些心理学在线课程，订阅了相关领域的博客文章，继续深入学习。之后，我接受了更加正规的训练。当我对自己有了更深入的认识，对自己做事动机有了更进一步了解——包括了解我恐惧的是什么，在不受人影响的情况下我想要的又是什么。之后我发现像魔爪般钳制我的比较心理，才一点点慢慢松动减弱，我才得以重获快乐。从那时起，我才真正有意识地去放下那些在与人比较过程中我紧抓不放的东西，把注意力转移到自己内心更深处，倾听真实自我的声音。

比较心理是否会愈演愈烈

几个世纪以来，比较心理帮助人类知晓生存游戏的法则，告诉人们怎样满足法则的要求才可以被群体接纳，甚至超越其他成员。随着人类的进化，最原始的比较习惯，在我们所处的群体或更广阔的世界中的阶级、地位或重要性上面，所投射的价值判断也在发展。如今的数字时代意味着我们每天睁开眼睛，一打开手机就好像置身于拉斯维加斯赌城大世界，琳琅满目的商品已经在你眼前摆好供你比较：那里全天开放，缤纷炫目，一切皆可下注，即使你的胜率很低，你也总能找到新的比较对象。对于大多数人，现实生活与那里的世界有着天壤之别；你在那里得到的不是鼓励，而是赤裸裸地将自己的真实人生，与那里壮观、无所禁忌、华美世界里的人们的生活进行比较。

网络社交媒体对于助长比较心理的影响不可忽视：

- 2014 年大学生问卷调查发现，经常浏览 Ins（社交媒体）会增加对他人的嫉妒感（有调查显示嫉妒水平可以预测抑郁症状）。

- 2018 年匹兹堡大学医学院的学术研究论文公布，经常浏览他人在社交网络上呈现的美好生活，会使人误认为别人的人生更快乐、更成功。

● 2018 年佛罗利达健康疗养中心（一家药物及酒精依赖治
疗康复机构）在研究中强调，有 51% 的 18—24 岁的女
性，为使自己在社交媒体上有一个完美形象而倍感压力。
所有年龄段中有 60% 的女性表示，除非她们确定这张照
片是她们觉得好看的，否则不会晒到网上。

在人群中"不输于人"，并且过一种看起来光鲜亮丽的生活所
带来的压力从未如此普遍且具有杀伤力。对于大部分离不开社交媒
体的我们，往往是精心打造与修饰自己的美好形象呈现给他人。

所以，对此篇标题中的问题，我给出清楚明晰的回答"是的"，
比较心理确实愈演愈烈。事实上，我想再深入一点，是社交媒体与
科技发展的强大联盟使我们处在比较心理扩散的阴霾中。它们二者
的组合正侵害并根深蒂固地影响我们的生活方式，以及我们如何做
决定，我们如何与他人互动。网上的所见所闻，总是影响着我们能
否合理关注和正确理解别人的生活。

比如，最近是否发生过：

● 你的手指是否在"屏蔽此人"的按钮上停留，只因你看
到以前的同事，现在的生活优越到你无法接受的程度？

● 是不是在家庭聚会上躲避你堂兄，因为他总是和爱人甜蜜
地秀恩爱，而感情不顺的你在对比之下会显得有些凄惨？

● 当你发觉自己在网上发的文章阅读量远远不及你关注的

那些博主时，你是否想放弃不再发文，并对自己说："这
有什么意义呢？"

● 你是否在为自己是否走在正确的道路上而担忧："这条路
真的通往成功吗？""如果我和别人做的不一样，他们还
会喜欢我吗？"

在社交平台上注册账号，建立一个"个人品牌"，已经变得越
来越普遍。但是如果你说在社交媒体发布动态不仅仅是为了获得别
人的关注和认同，你在网上发布一张精心 P 过的自拍或是在热门网
红地打卡，然后一群人给你点赞、评论或转发，这背后你的自尊得
到极大的满足。你的自恋被一点点喂养、膨胀。然后等到下一次，
重复类似的模式。

我人生中曾出现下面这些行为，如今仍为我敲响警钟：

● 出去吃饭的时候，我一定要把所有的菜先拍下来，凉了
也不在意，只为晒个照片到网上告诉大家，我在一间很
赞很难定到位子的餐厅吃饭。

● 飞机就要起飞了，我光顾着定位打卡，完全听不到登机
口催促登机的广播。

● 在网上定时查看前同事或前任的微博，监视他们的生活，
看看他们是不是过得比自己好。

你的感觉没说谎

比较心理让我们崩溃，我们总是试图否认自己的感觉，认为是自己想太多了——仅仅是一条朋友圈，为什么要小题大做呢？身边的人给出看似有用的建议："别再看了！""人家发生什么事和你有什么关系？"你也觉得这样不好，但道理听了那么多，却依旧忍不住地去看，去想，最后只是徒增烦恼罢了。多少次我听到人们在道出自己的比较心态前，支吾地说："我知道这真的很傻，但是……""这听起来一定是很愚蠢的，但是……""我觉得自己完全就是个傻瓜，但是……""这应该完全只是我的想象吧，但是……"

不要否认自己的感觉，你并不是在无中生有，瞎编乱造。诚实地面对自己的感觉，觉察你的感受，并没有什么不对；不要以为完全否认它们的存在，屏蔽它们就可以摆脱这些困扰，好像什么也没发生。你的情绪、感受、想法都是真实发生、合理存在的；在这里，你拥有一个安全的空间，可以去倾听，去探索这些感觉。在这本书中，我们会提供多种方法，让你放松下来，最终让这些负面感受自我消解。

从哪里开始

如上文提到的，在社交媒体和科技发展的社会中，与人比较的心理倾向只增不减，给我们带来的伤害与日俱增，但我们并没有太多的资源去改善这种状况。目前为止是这样的：如果你不按照社会

规则的成功标准去努力，就好像在嶙峋的山地间独自艰难前行，处
处碰壁，因为我们已经过于依赖别人怎么想。

　　总会有一些人看起来比我们更优秀，我们总是无法停止比较；
无论我们怎么做，变成什么样，或是拥有什么，也感觉远远不够。

　　化解比较心理的药方就在这里：

- 理解你自己，思考如何把周遭社交媒体的噪音关小，再
  关小；同时，去爱，去接受你自己（少一点"别人"怎
  么样）。

- 打开你所有的感官，你此刻听到什么，看到什么，感觉
  到什么，建立与自己最真切的联系；你生命中的选择、
  目标是什么，你达到这些目标的方法是什么（多一点
  "你自己"怎么样）。

- 直面你的人生经历，以及对于这些体验所做出的忠于自
  己的反应，过一种更坚定、更有意义的生活。

　　比较心理就是那个夺走我们自信与自尊的凶手，从我们指尖一
溜烟钻进我们的脑袋，占据我们的心智。那么如何开始执行上述方
案，最终制服这个偷走我们快乐的元凶呢？这本书就是为此而诞
生。本书力求正面解决这一问题，停止与人比较的心理倾向与行为
对我们造成的困扰，令我们不再任其摆布，不再在社交媒体的无尽
深渊里无休止地坠落，不再每天盯着某个人的朋友圈羡慕嫉妒恨。

　　我们能够治愈有害的比较心理倾向，而不是一味地自我贬损，

自我折磨，让我们的生活笼罩在它的阴影下。这本书将会帮助你学习从比较心理情结、挫败感、嫉妒等情绪中走出来，找到你内在的平静，变得更专注自信，活得更真实自在，做自己的主人。

那么，以下是我对你发出的正式邀请（希望你在结束本书的自我治愈旅程时所达到的目标）：

- 了解内心深处的自己，放手，停止去做那些违背你的价值取向、动机的，你不是真正想做的事情。

- 找到自己个人的生活准则，获得妙不可言的自由。

- 把时间花在与你喜欢的人一起做你真正喜欢的事情上，这可以补充你的能量，使你感到充实。

- 解锁你的精神禁锢，取而代之的是，知道自己在这里要做些什么，在此基础上做有意识、自主的决策。

- 层层消除你脑中、心中、直觉里积习已久，包裹你真正信念的比较外壳。

- 无论你之前有过怎样的经历，或是现在处于何种状况，把扭转自己的比较心理困境当作一个专题研究来进行。

那么，让我们开始吧。

1

PART

你觉察到自己的
比较心理了吗

第一章

与比较心理为友

"时刻铭记这一点：
你有权利也有义务成为一个独立的个体。"
——埃莉诺·罗斯福

本章作为全书的开篇，将沿袭传统的分析方法，带领我们深入了解比较心理的核心机制与特征。哪些人和事最能触发我们的比较心理？是如何触发的？这背后的意义是什么？我们将对这些问题逐一进行探索。随后，我们也将结合你的人格特征进行讨论，更好地认识比较心理对你造成的特殊影响，并挖掘你独有的能力带你走出困境。

当我向人们提出"要与比较心理成为朋友"时，他们大多会发出这样的疑问——"我为什么要这么做？"这并不令人意外。毕竟这世上有谁愿意与令自己难过和尴尬的事物为伍呢？我能理解！但否认现实并不能解决问题。因为比较心理已经成为我们的一部分，否定它就是否定我们自己。只有当我们接纳它、了解它时，才能摆脱它的不良影响，并将其转化为积极的力量应用于特定的目标。

首先，我想介绍一种方法，它能够帮助我们认识并了解自身的状态，我常将其运用在来访者的身上。现在，让我们一起回想，在什么情况下，我们可能会产生以下几种状态：

● 失去自我，浑浑噩噩。

● 因为他人而分心，无法专心于自己的事。

● 注意力集中在周遭正在发生的人或事上（不论我们是否认识他们）。

● 无法辨识触发、激活我们比较心理的外在表象，深陷其中。

以上的心理状态与行为构成了"与他人比较所引发的心理困境"。

比较心理的触发点

读到这里，你可能已经意识到哪些情况会触发你的比较心理，但是你难免会有一些遗漏。鉴于我们的目标是彻底了解比较心理，与它成为朋友，因此我们不妨在此处稍稍停留，确保我们对比较习惯有一个全面而深入的认识。

以下是一些比较心理的触发点，请你阅读并判断哪些符合你的实际情况。

1. 你渴望别人拥有的东西。无论是人生观、物质财富，抑或是身份地位。

2. 每当看到某个人，你便感到强烈的情绪在心中翻腾，嫉妒情绪喷涌而出。

3. 你对他人止不住地好奇，这些人自动占据着你的大脑，有时只是片刻，有时则会更久。

4. 你知道自己在浪费时间，却不由自主地密切关注他人在做什么，在经历什么，有没有成为更厉害的人。

5. 你将自己和他人进行排名 —— 他人是你评判自己好不好的标准。

6. 你总是想要与他人竞争，哪怕是不认识的人。

7. 你分析他人在生活中的言行和在网上发布的信息，寻找其中的漏洞和矛盾。因为你总是想揭穿别人，以使自己不受影响。

8. 他人的存在总是让你自我怀疑，怀疑自己的想法和计划。

9. 你认为别人比你拥有更多的运气、机会、资源、时间和人脉，而你从未拥有过（这种结论往往缺乏充分的证据支持）。

10. 当某个特定的人或群体遇到问题时，你暗自欣喜，幸灾乐祸。

在我们探索比较心理，治愈自己的过程中，我想向你强调"忠于内心，不做评判"的重要性，因为在这个过程中我们难免会直面一些令人不快甚至不安的问题和感受。这很正常，也是意料之中。但是我希望你能做一个不评判，保持中立的观察者。

保持中立会让你更快、更顺利地成长，你不再深陷自我批判止步不前，而是对自己的比较心理有更多觉知。

行动小贴士

当面对比较心理时，我们有时会产生自我批判——"天，我为什么做了那样的蠢事！你是不是窃听了我的手机？这一切更加印证了我的猜测，我就是一个彻头彻尾的废物！"然而，与其这样，你不妨接纳自己——"好吧，我知道自己又在比较和自我评判了，但我会牢记于心，引以为戒。"当比较心理被触发，你可以练习以中立不批判的态度保持对自己的觉知。

说到这里，是时候开始我们第一个练习了。

在我们列举的触发点中，有哪些让你产生了共鸣？可能是全部，也可能是其中某一条让你格外关注。写下它的序号，以便我们在另一节回忆一些具体的事例。

请将这份列表放在身边，我们将以此为基础，踏上告别"比较心理"之路。

观察你的比较对象

在这一部分，我想借用网络游戏中的词汇向你介绍"比较怪兽"的概念，指代你生活中或想象中的某个引起你比较心理的人，即你的比较对象。在比较的过程中，你会发现比较怪兽各不相同，你可能只是被某一只特定的怪兽攻击。即使某个比较对象的人生和成就你知之甚少，与他相比你觉得自己有多么渺小无能。像你在游戏中打怪兽，你无须知道它攻击过多少玩家，最大的攻击力能达到多少，你已经觉得自己可能要掉不少血了。

"比较怪兽"可以分为两种：

- **近处的怪兽：**现实生活中身边某个让你忍不住去比较的人。
- **远处的怪兽：**某个你可能永远不认识的人，但是却能激起你的比较之心。

就我而言，我身边的比较怪兽是我学生时代认识的人。那时我常常拿自己和他们比较，现在偶尔也会这样做。此外，还会有一些不认识的人时不时进入我的脑海，一不小心就陷入与之比较的旋涡中。

现在轮到你了。记住，一切会严格保密，你可以放心地写下你的比较对象（人或事）：

身边的比较对象有：

陌生的比较对象有：

不论你的比较对象属于哪一种，比较对我们的行为造成的影响都可以分为以下几类：

- 我们无法说出温暖的话语，无法表达自己的喜爱之情，拒绝给予他人爱与支持。我们就是无法忍受居于人后。

- 当他人要求或建议我们停止比较的时候，我们回避躲闪。

当他人不愿共情或容忍我们的比较之心时，我们暴跳如雷。

● 我们要么嫉妒别人，要么贬低自己，反反复复。

● 我们自以为无所不知，即使别人没有向我们征求意见，
  还是忍不住对别人进行评判，给出建议，以及说人闲话。

这些行为终将带给我们痛苦。就好像在海里游泳时，有人在你的潜水管和护目镜上打了一个洞，海水迅速涌了进来，模糊了你的视线，你因此十分恼火。

我们明明可以在追求目标的道路上保护好自己，却选择让汹涌的海水一次又一次地淹没我们的生活。我们不断地伤害自己，辜负了自己的努力和最亲密的爱人。

"比较是对自己的暴行。"
——伊雅拉·范森特

现在，让这一切到此为止。不要再自我折磨，这不仅毫无益处，也无法帮助我们实现人生的目标。

那么我们该如何扭转这一局面呢？我们需要改变看待比较的方式，将其转化为我们的优势，帮助我们赢得每一次挑战。

识别你的人格类型

根据人格理论框架，尽管每个人都是独立的个体，但由于人们经历的相似性，人们可以被划分为特定的几种人格类型。多年来的比较心理治愈工作让我发现人们的比较心理往往也存在相似性。那么这是不是和人格类型存在某种联系呢？受此启发，我将比较心理与人格类型结合起来，识别人们比较的模式、相似性和发展趋势，引导不同人格类型的人们与比较心理和谐共处。接下来，我首先详细介绍下人格类型。

下文中列出的九种人格类型便是受到了九型人格理论的启发。这套理论是我当时的个人督导盖尔·洛夫肖克介绍给我的，她邀请我进行人格类型测试以更好地指导我们的工作。那是我人生中不可多得的经历，关于我人格深刻的见解让我受用无穷，尤其是在应对比较心理的时候。

九型人格学说创建于古希腊时期，由希腊文字中的"九"和"型（一种图示）"组成。简单来说，九型人格是一个人的性格类型系统，每种性格类型都由更深层次的内在动机驱动，决定了人们对外在世界的感知和互动模式。1915年，在教授、哲学家乔治·葛吉夫的介绍下，九型人格学说开始在现代社会流行。随后，在20世纪60年代末，奥斯卡·伊察索在九角图上绘制了九种人格类型。在此基础上，医学博士克劳迪奥·纳兰霍和其他心理学家又将九型人格与现代心理学中的研究成果相结合。

下面，我重新描述和总结了九型人格，以便你形成一些初步的理解，即不要将自己看作孤立的个体，否则只会深陷痛苦。我发现理解这一点很重要，尤其是当我探索与比较心理有关的深层因素时。

还有一点我要强调，如果把人格类型比作一个个事先折好的箱子，我们接下来要做的不是把你放进箱子里，我们要做的是观察这个箱子，这样我们才能意识到自己看待事物的方式，然后跳出来，识别我们有意识和无意识的思维模式，从而更自主地选择自己的人生。

你可以通过完成我们扩展资料中的在线官方测试来看看自己是哪种人格类型。相信我，这绝对值得你花点时间。还有一点我需要说明：许多人终其一生都在钻研九型人格，所以我们要始终保持对这些成果的敬畏之心。

通过九型人格观察我们的比较心理，我们还可以进一步认识到哪些因素可能阻碍我们对自我保持专注。

因此，在下一个部分，你需要找到最符合你的一种或两种人格类型，它将帮助你发现今后旅途中阻碍你的盲点，明确你拥有的力量、特质和优势，这些都是你化解比较心理的武器。

请阅读下列描述，选择最能让你产生共鸣、与你最相关的人格类型。虽然这九种人格或多或少都在我们身上有所体现，但是在内心深处，你总能找到最符合你的那两个。

- **友好型：** 我十分随和，平易近人，能够看到事物的两面性，但是别人常说我优柔寡断。

● **自我型**：我直言不讳，坚定自信，但我知道我的直接总是吓跑别人。

● **活跃型**：我讨厌束缚，喜欢新鲜事物，总是渴望冒险。但是我很难一心一意、脚踏实地。

● **可靠型**：我是一个忠诚的人，努力工作，踏实可靠。但我总是过分地担忧，想要做好一切，这让我感到筋疲力尽。

● **思考型**：我热爱学习，善于观察。但我无法适应社交场合，当人们在倾听我说话时，我会局促不安。

● **敏感型**：我敏感脆弱，易受伤害。当我被忽视时，尤其如此。

● **奋斗型**：我目标明确，野心勃勃，但是对成功的渴望让我很少停下脚步或感到满足。

● **取悦型**：我很难拒绝别人，我需要他人的喜欢和认可，哪怕这让我失去自我。

● **完美型**：对我来说，一切都必须按照标准预期进行，有时我会有一些不现实的预期。

　　此时，你心里可能已经有了一两个答案。但是，在你做出决定之前，请再仔细阅读一遍下面这些描述。你身上可能具备多种人格类型的特征，请确保你选出的结果最符合你的特征。

人格特征	你需要注意的劣势	你需要好好利用的优势
友好型： 我十分随和，平易近人，能够看到事物的两面性，但是别人常说我优柔寡断。	你太在乎别人对你的看法，总觉得别人是在针对你。这会导致你犹豫不决，裹足不前，不能按照自己的想法行事。	你的社交天赋让你可以轻松融入人群，能够察言观色，审时度势——运用这种人际敏感性，为自己做点什么。
自我型： 我直言不讳，坚定自信，但我知道我的直接总是吓跑别人。	你太固执己见，行事刻板，当事情不能以你坚持的方式推进，你感到挫败。	你有担当，能直面挑战——激发这种品质来获取成功吧。
活跃型： 我讨厌束缚，喜欢新鲜事物，总是渴望冒险。但是我很难一心一意、脚踏实地。	你没有时间一下子完成所有的事情，做事虎头蛇尾，因为你总是兴致勃勃地开始，又急急忙忙地结束以进入下一项工作。	你兴趣广泛，神通广大，不畏困难，敢于冒险，勇于尝试。
可靠型： 我是一个忠诚的人，努力工作，踏实可靠。但我总是过分地担忧，想要做好一切，这让我感到筋疲力尽。	你谨慎小心，担心出错，所以总是不停地核查前后工作，但这也使你拖延工作进度，无法果断开始下一步工作。	你的智慧、耐心、有担当可以使自己获得勇气——不要让这些优点只受益于别人，也要忠于你自己的感受。
思考型： 我热爱学习，善于观察。但我无法适应社交场合，当人们在倾听我说话时，我会局促不安。	你不太表露自己的学识和天赋，只顾埋头钻研，最后看着资质不如你的人比你先成功，获得比你更高的评价。	你擅长发现和了解事情的本质，并对下一步要做什么有着深刻的认识，好好利用这一优势！

人格特征	你需要注意的劣势	你需要好好利用的优势
敏感型: 我敏感脆弱，易受伤害。当我被忽视时，尤其如此。	你认为自己不值得被爱，也害怕令别人失望，所以困在原地，害怕各种尝试。	你深刻的感受力可以引导你不断向前，走自己的路。利用这一优点为自己的生活带来改变吧。
奋斗型: 我目标明确，野心勃勃，但是对成功的渴望让我很少停下脚步或感到满足。	把成功作为动力与目标的你，很可能和人比较的状况更严重，因为你会通过自己与他人的排名先后来判断自己是否有进步。	你有很强的执行力，确保事情高效运转，也能通过你鼓舞人心的想法和行动带领团队，凝聚人心。利用这一可贵的技能吧。
取悦型: 我很难拒绝别人，我需要他人的喜欢和认可，哪怕这让我失去自我。	你很少对别人的请求和命令说不，这可能会导致过多的自我消耗，感觉身体被掏空，并对自己的处境感到失望。	你为人和善，待人温暖，真诚为他人考虑，这些品质在你一出现就能自然流露。把对他人的热情、善良、关怀也留给你自己吧。
完美型: 对我来说，一切都必须按照标准预期进行，有时我会有一些不现实的预期。	任何事你都要自己经手才踏实，你要同时兼顾各种事情，而这会浪费你过多的时间与精力，也容易被他人的成就分心。	只要你认为重要的事，你比任何人都想把它做好。也把这种决心用到自己身上吧。

　　找到与你最相符的人格类型了吗？我再次说明，我们不是要窥探隐私，而是为了使你在自我治愈的过程中意识到自身性格中哪些方面需要重点关注和了解。

你可以根据需要注意的劣势提醒自己哪些性格特质会阻碍比较心理的治愈；同时，利用这些性格特质的潜在优势让自己获得成功。

行动小贴士

将符合你性格特质的描述，需要注意的性格劣势，以及潜在优势记下来，或拍照放在显眼的地方，每天随时查看，激励自己按照这些要求去努力。你还可以在网上搜九型人格学院的九型人格测验，以及盖尔 · 洛夫肖克的一个引人入胜且具有启发性的个人研究领域，希望能帮你获得进一步的了解与启发。

洞悉我们的比较行为

现在，我们将注意力转向与他人比较的行为背后的根源，看看怎么做可以扭转这种心理倾向。

小时候，我看过一个电视益智节目《水晶迷宫》，选手们需要答对问题才有机会走出迷宫。整个游戏包含很多关卡，每一关都有一个主题，选手们比赛看谁先走完所有的关卡，拿到水晶球，获得更多的分数。当选手答对问题，拿到水晶球就可以继续挑战下一个关卡，获得更多分数，最终走出迷宫。整个游戏包含进入迷宫、赢水晶球、走出迷宫三个步骤。

把比较心理与这个游戏进行类比，你可以更清晰地看到，比较心理也有着引爆它的触发点以及比较对象。比较对象使我们进入迷宫，解答谜题的过程就是我们去寻找比较行为背后原因的过程，水晶球则代表我们对比较行为的自我觉察。我们明白到底是什么使我们对别人产生嫉妒，为什么看到别人的生活我们会有挫败感。

当你慢慢了解自己同他人比较的原因，就可以专注于自身的努力，而不会过度关注别人的生活，无论是现实生活里天天见面的人，还是网上的陌生人。

自我觉察就像一个魔力水晶球，它能带你走出迷宫，屡试不爽。那么怎样才能找到自我觉察的水晶球呢？让我先分享一些案例，来激发你的这种能力并学会使用这种能力。

案例分析 1：从气恼飞行里程到微笑启程

我有一位名叫珍米的来访者，向我讲述了她看到前同事全世界旅行的潇洒生活时内心的沮丧感。

她看着那位同事发的推文，人家要么是在机场候机厅等待登机，要么是在地球上某个遥远的地方欣赏落日，而她自己要么是堵在拥挤无比的通勤路上，要么是困在毫无生气的办公桌旁……一想到这些她就气得发疯。她的比较心理被触发了。

我听她把话说完，让她吐完心中所有的不快。就在这时，我们找到了她的比较问题背后所隐含的重要信息。珍米说，其实她一直有个旅行梦，渴望去世界各地旅游，从她长大刚拿到护照起，旅行就是她生活中最想做的事。但这个愿望数年来一直被压抑着未能实现。她已经足足四年没出去旅行了，久到她已经快意识不到这个心愿了。

这时，珍米才意识到，她的沮丧感与旧同事旅行过程中累积的飞行里程数无关，她郁闷的真正原因是对目前生活状态的不满，她想要休息，去旅行。她对自己说："我怎么会觉得到处旅行是二十几岁的时候才做的事情？其实真正阻碍我做喜欢的事的人，是我自己！"

认识到这点后，她便有了改变的动力。咨询结束后，回到公司，她去了老板的办公室，同老板讲出自己想申请休假去旅游的计划。令她惊讶的是，老板听到她的申请反而为她松了口气，为她开心，因为公司里的同事们早就注意到珍米工作状态不佳，担心她完全没有个人生活的时间。

总结：

☐ **珍米的比较心理问题出现是**当她看到别人潇洒环游世界，享受人生，自己心生嫉妒时。

☐ **这里自我觉察的水晶球是**她意识到原来她内心一直存在着对旅行的渴望，而这份渴望被压抑和忽略了很多年。

☐ **加深自我觉察后所采取的行动是**她向公司请假的时候。这使她能够遵循自己真正的意愿，唤醒心中的热情，追寻自己想要的生活。

☐ **持久的改变是**她现在终于可以定期去旅行了，我现在经常会收到她寄来的旅途中落日的照片。

案例分析2：从浪漫已死到重系温情

这个例子是关于我的来访者杰，他找我咨询他在亲密关系方面的比较心理问题。他发现，看到别的情侣建立美满家庭，一起旅行，定期晚上出去约会，或给彼此倒个茶，都会令他羡慕。因为这让他觉得自己的感情生活已经激情退却，浪漫不再。看到别的伴侣互相比手势表达爱意令他感到嫉妒，而网上那些秀恩爱的推文已经几乎令他崩溃了。

通过我的追问，我发现激情退却不是杰的伴侣单方面导致的，杰自己很少主动去营造浪漫氛围，或者花心思去经营彼此的关系。对于目前的感情状态，他也有着很大的责任。

杰意识到，自己没有做好的事也不应该要求别人做到。他还意识到，如果他没有表达清楚自己的想法，就不应该指望别人知道他真正需要的是什么。所以那天晚上，杰亲自下厨，为伴侣准备了晚餐。之后，他们一起听老唱片，沟通彼此的感受。

通过沟通，杰表达了他所憧憬的与爱人在一起生活的场景，他欣喜地发现，爱人也想要与他重归浪漫生活。杰了解到，原来爱人家发生了点事，她正处在困难的时刻，杰给予了安慰与支持，这也正是他爱人所需要的。在这之后，他们重新变得亲密。

总结：

☐ **杰的比较心理问题出现是**当他看到别的情侣秀恩爱，觉得自己在感情关系中被冷落而感到嫉妒的时候。

☐ **这里自我觉察的水晶球是**他意识到原来他从未与对方表达和沟通自己的需求和期待；意识到他自己也并不是一个理想的男友。

☐ **加深自我觉察后杰所做出的行动是**留出一段不被打扰的高质量时间，让彼此都能感觉到被倾听并相互分享他们各自的需求。

☐ **持久的改变是**从此之后，杰和伴侣每周都会有一天或一个晚上，一起共度美好时光，彼此倾诉聆听。他们一直保持着这个习惯，这个方法也一直有效。

案例分析 3：从信心危机到重启创意

　　第三位来访者希达向我咨询的是关于她事业上信心受挫的问题。希达有一家开了多年的网店，自己做手作，然后挂在网上卖，但她并不经常维护和更新她的网店。因为她同时还在一家公司工作，在网媒上不时地发点信息也是她的工作。她自己承认，由于顾此失彼，不能平衡，加上自己心气不足，网店和她的社交账号自然没有很多人关注，生意冷清。

　　希达的自信受到重创，是当她看到从艺校一起毕业的一个还算比较熟的朋友也把爱好商业化，却远比她成功的时候。这个朋友工作之余也在同一个平台经营一家店，卖自己画的手绘版画。

希达本来没觉得有什么，直到发现朋友已经打算放弃在公司的工作，全职经营网店了，原来她的作品非常畅销，推销的媒体渠道也成倍拓宽。朋友看似一夜之间的成功，令希达难以接受。

讲到这儿，希达激动不已。一开始，她说看到朋友与她起点相同，偷偷跟在她身后做同样的事却一夜爆红，感到嫉妒又沮丧。但是，平静下来后，她才意识到，这位朋友在背后付出了多少心力，克服了多少困难，才能获得今日的成功。

经过进一步的交谈，希达发现自己内心也有着全身心投入到手作事业的愿望；她工作室里其实有很多做好的手工作品还没有传到网店上，她并不是没有能力去完成一件精美的手作，她只是需要重新找到自身对于手作事业的热情。这时，她感觉一切变得豁然开朗。

总结：

☐ **希达比较心理的出现是**看到和自己有着相同起点的朋友在相近领域获得了看似轻而易举的成功，对此产生嫉妒。

☐ **自我觉察的水晶球的获得是**她认识到自己其实也和那个朋友有相同的志向和能力，愿意全身心地投入到手作事业中去。

☐ **接下来的行动是**她每天都会腾出半个小时来维护经营手作网店，同时还可兼顾作为她经济来源的公司工作。

☐ **持久的转变是**她不再嫉妒这个朋友；她反而很高兴可以同朋友分享相同的兴趣爱好，并且都对通过自己的艺术创作赚钱充满热情。

现在，你应该更真切地感受到自己的比较心理，了解它如何起作用，又在如何影响着你的生活。当你可以直面自己的比较心理，你会感到如释重负。毕竟，只有我们觉察到这一行为习惯及其背后的内在动力，我们才可以对它加以干预。

可能你的比较心理有很多触发因素，也可能只有一个主要因素。可能你会说："原来比起娱乐圈的动态，我其实更关注同一个学校毕业的老同学现在发展如何。"同时，你可能也意识到了自己尚待开发与运用的性格优势，你会说："等一下，如果我能根据自己的性格优势再多努力一点点，那么我的改变会不会很大，是不是可以不再随波逐流！"

通过对人格类型的了解与思考，我们有望在整个治愈旅程中开始对自我进行探索。通过以上的案例分析，我也请你去思考，在你的比较心理迷宫中，那个自我觉察的水晶球是什么，即你所觉察到的对自己比较行为背后更深层的原因是什么。这里你只需大致地想一下，我们在以后的章节会有更深入的探讨。

第二章

了解真实的自己

"当你了解真实的自己，并对现在的自己感到满意，
那么无论人生遇到怎样的风风雨雨，
你都能处变不惊，保持一份平常心。"
——艾米·莫林

要想在大部分时间都能做自己，从而摆脱比较心理倾向，最根本的方法是要深入了解是什么驱动着你，使你成为现在的样子，以及什么是你存在的核心意义。你可能会想，随便吧，大概就是一个个偶然的巧合构成了现在的人生吧。不，这一章我们要认真地去思考这个问题，你不仅要开动脑筋，还要打开心扉，看看到底是什么压抑了"那个真正的你"。

我们会让你重新认识自身的智慧，并引导你运用这些智慧，这不会搅乱你目前的生活，也不会与你未来的人生计划相违背，只要你能忠于真实的自己。

什么是真实

"真实的"

形容词

来自不可争辩的原作，非赝品或拷贝；真迹的

例："已知道这封信是原作者所写。"

一开始搬出字典的定义虽然有些故弄玄虚，但生活中我们确实在太多的场合和情景中看到、谈到这个词：从书店里的自助书籍到社交媒体上的推文，随处可见让我们成为真实的自己的呼吁。那么什么才是真实的自己呢？

纸上寥寥一行定义固然有着高度概括性，但并不等于实际生活中你就真的能做到。更深一步讲，我认为真实地活着，就是你自己的价值观可以在生活中展现出来，即真诚地表达你的观点，做到言行合一；是遵从自己内心真正的愿望去行动，而不是模仿别人。这样，通过展现真正的自己，真实地活着，比较心理将随风消散。

为了把这个定义转化成更实用、可行的内容，我在工作中总结了以下的实践框架，帮助我的来访者和朋友在生活中更真实地展露自我——做自己，只有做自己，才不会忍不住去效仿别人或是羡慕别人的生活方式。

现在，请你回答你将如何通过以下方式揭示真正的自己，始终如一地做自己：

● 你认为真实的自己是怎样的

● 怎样行动

● 如何感觉

● 会说些什么

回答以上问题是自我疗愈旅程中重要的一关,因为从这里,你真正开始发生转变,少一点跟风"别人",多一点做"自己"。不过在听你回答这些问题之前,我想先分享一些来访者的案例,看看他们发生了哪些突破性的改变:

其中一位来访者意识到,一直以来,是一种潜在的优越感在作祟,好像必须在人群中炫耀自己才可以融入群体,才不落后于人。长期下来,他们精疲力竭,他们意识到是时候停止了。

另一位来访者发现,原来他们是会出于竞争目的篡改事实以获利的人,他们许下过高的承诺,夸大自己的能力,结果不可避免地就是不得不说谎来隐瞒实际情况。这位来访者意识到,大家从一开始就应该保持诚实和坦率,循序渐进,而不是靠说大话或准备紧急备用计划以圆谎。

好,让我们开始做这个自我意识的练习,我们将回忆并记录下证明你活出真实自我的事例。通过这个机会,你可以知道在这些事例中是什么导致了你的感觉,你将根据提示问题进行打分:如果得零分真的没什么大不了,说明还有很大的进步空间,十分则代表你已高举真实自我的旗帜了。

1. 做真实的自己，你认为自己是否如下面描述：

我有自己的想法与观点，比如……

_____

_____

我有自己的原则，而且按照这些原则生活。我的原则是……

_____

_____

我不盛气凌人，也不过分看低自己。我同意这个说法。
是 / 不是
十分为满分，这个部分我给自己的打分是：

_____

2. 做真实的自己，你是否可以做到：

我是可靠的人。别人说我很可靠是因为……

_____

_____

我不会为了融入群体而伪装自己，无论是自己的内心还是外
表，比如……

_____

如果我说要做什么，我就会去做，比如……

十分为满分，就此部分我给自己打分是：

3. 做真实的自己，你是否可以感觉到：
我相信自己，遇到困难镇定自若，沉着冷静，比如……

我既能理智思考，又能用心感受生活，理智与情感相得益彰，比如……

我并不压抑自己的感觉，而是去体会、觉察它们，比如……

十分为满分，这个部分我给自己的打分是：

4. 做真实的自己，你会说些什么：

我知道何时需要拒绝别人，怎样拒绝别人比较恰当，比如……

即使我中途改变主意，可能令别人失望，我仍能保持友好，比如……

我总是说真话，也很少觉得需要撒谎，比如……

十分为满分，这个部分我给自己的打分是：

四个问题的总分是：

如果你的分数在 40 分以上，你是怎么做到的？当然，这里我们无须评价。如果你的分数低于 20 分，这其实是个很好的提醒，它意味着你在朝"少为别人左右，多忠于自己"的路上，仍有一些小机关、小阀门等待你去触动，去开启。请在得分低的部分重点加强，得分高的部分继续努力。

如果你的分数在 20 到 30 分之间，这是个不错的起点。你已经有不错的基础，只需在某些方面加强，你就可以取得进步！

如果你的分数在 30 分以上，那么我要给你一朵小红花——很少人可以保持这样的状态，可以确定的是，你已经可以活出真我。

无论哪个分数，都有不断提升的空间，都可以通过反思取得进步。

反思过去，是什么使你无法真实地做自己？

现在，你感觉是什么使你无法真实地做自己？

根据上述反思，你觉得自己可以做出怎样的改变，从而令自己活得更真实？你随时可以翻到前面，根据之前给出的真实自我的四项标准，做出更具体而有针对性的改变。

与真实自我向导（TYG）联结

做最真实的自我，我们要看到并摆脱过去的生活经历与周遭环境对我们施加的层层束缚。

这个过程你可能并不熟悉，可能感到害怕，但是摆脱这些束缚的意识越强，你的自我越强大，反过来又会增强你的自信和对改变发生的信念。不要害怕，你并不是从零开始建立这种意识，你只是重新与你的内在联结，重新获得内在的觉知。

在泰拉·摩尔的书《玩大的》中叫"内在的向导"；偏灵修的人士称为"灵魂的声音"；另外一些人称为直觉、本能反应、人生的真正方向、内心的指引、守护天使或上帝；而我自己倾向于叫它TYG（真实自我向导）。

跟从真实自我向导，你总能毫不迟疑地找到问题的答案，而不需要去跟他人比较。真实自我向导相信我们可以通过自己的能力、资源、潜力，去克服你人生中的困难，获得成长，建立新的生活。我们不再虚张声势，而是做最真实的自我，相信我们所相信的，真实地活着。

你的真实自我向导真正了解你。它知道什么能激励你，你喜欢什么、反感什么，你会被谁、被什么吸引，什么能让你兴奋、让你沮丧、让你感觉不错、带给你欢乐，什么符合你的价值观。只要我们愿意去寻找，我们会看到它留给我们的线索；它指挥着我们生命中发生的事情，也为我们扫清障碍，去追求真正想要的。每个人天生都具备这种内在的指引，而在我们自我治愈的过程中，会更加感觉到它的存在，听到它的声音。

　　既然如此，那么当你困于比较的迷雾中，满脑子都是各种嘈杂的声音而听不到内心的声音时该怎么办呢？如何获得真实自我的指引呢？当然它不会给你发电邮，现在就让我介绍以下具体的方法，令你即使在嫉妒、自我批评时，也不会完全失去感觉真实自我的能力——这也是我们大多数时候最需要的。

　　关键是要改变你的情绪状态，这样你就可以放松自我，不再感到窒息。

　　注意力集中到你的身体和呼吸：感觉你的身体，你的所有感官都在接收外界刺激的讯号，此刻的你在全身心感受着世界，绝对的专注使你切断噪音。深深吸气到丹田，然后慢慢吐出，这样反复做，可以驱散你的怒火，缓解你的不安，平复你的心情；深深地、均匀地呼吸 90 秒可以改变你的身体状态，使你平静下来。接着，感觉此刻平静的自己，你将听到真实自我向导的声音，觉察当下，看到是什么使你陷入当下的困境，并轻松化解。

　　练习自我关照与抚慰：我们总是对自己太苛刻了，不是吗？只要我胸中感觉苦水翻涌，难过不堪，我知道是时候要关掉同人比较的噪音，去聆听内在真实自我的声音。如果可以，请把左手两个手指，轻轻搭在你颈间的脉搏处，感觉你的脉搏在手指尖的颤动；接着，将你的右手抚在胸口心脏的位置，慢慢有力地画圈，以增强你的心脉轮。（我刚刚说"心脉轮"了吗？是的，我说了。）这个动作可以增强你爱自己与爱他人的能力，同时也具有魔法般的自我安抚功效。

　　做你喜欢的让你快乐的事： 拥抱你的宠物，和爱人视频通话，给自己敷个面膜、做个美甲，去跑步，去听自己最爱的歌与诗句。每个人喜欢做的事各不相同，但是，当恐惧情绪来袭时，我们被自我折磨时，重要的是要做一些你喜爱的事情以转换心情。当然，那些坏情绪可能不会立即完全消散，但至少可以得到缓解，然后你才能恢复过来，重新振作起来。

--------------------------------- **行动小贴士** ---------------------------------

　　下一次如果你思绪混乱，无关的声音喋喋不休，坏情绪再次来袭，马上翻到之前的工具箱——深呼吸，心脉轮按摩，开始做自己喜欢的快乐的事——这样你心中的乌云就会消散，内心真实自我的声音才能被听到。

　　希望你已经渐渐明白，实现不再比较的自由不仅仅是一个理性的思辨过程；对于我的来访者来说，必修的一课，还包括学习如何在真实自我向导的指引下，利用我们的潜意识，使用视觉化的意象观察自己和人生。接下来你要做的练习，就是要运用你的想象力、感受力，把理性思考先放一放。虽然一开始你可能会觉得有些"怪异"，或者还在为"心脉轮"的名词着急，但你只要跟随指示就好，把你的第一反应记录下来，无须多想！

　　最终，我们会让你听到你的真实自我向导所带来的信息，告诉你如何发挥自己的潜能，以及你将成为什么样的人……

- 放松你眼睛周围的肌肉。

- 下巴放松。

- 你的两颊感觉到充盈。

- 接下来，深深地吸气，深深地吐气。

- 感受此刻的平静。

- 随着每一次吸气呼气，你的压力也慢慢得到释放。

- 注意力转到你的双脚，让脚趾慢慢舒展放松，感觉那些紧张
  与压力好像经过你柔软的双脚释放而出，让这种柔软流经你
  的全身上下。

- 想象你走在一条全新的路上，虽然不能马上知道是哪，但不
  重要，重要的是你感觉舒服畅快——你不觉得害怕。

- 你发现不远处有一道光，越来越亮。你一走近，发现你穿越
  了时间，来到了属于自己的未来。这是五年后的一天，你知
  道你将要与真实自我向导见面。不久你会看到一座小屋，那
  将是你未来的家。

- 继续想象，再走近，你看到那座小屋的门。

- 环顾四周，观察这里的世界，你看到什么？感觉到什么？这时，
  小屋的门打开，迎向你的，是那位朋友，你的真实自我向导；他
  向你问好，把你领到屋中，他脱下你的外套，给你倒上一杯温水。

· 在屋内最舒适的地方，你们坐下开始交谈。问问你的向导："为了到达此处，这五年中你认为对你最重要的是什么？"你也许开口说话，也许脸上流露出表情，也许有画面在脑中浮现，或是某种感觉涌入。请在下面写下你此时的回答……

_____

_____

_____

问问你的向导，这五年来……

· 我是怎么走到这里的？

_____

· 我走后，身后那些人是怎么说我的？

_____

· 我的工作日都是如何度过的？

_____

· 我的周末是怎么度过的？

_____

- 别人认为我是什么样子的?

- 我都和谁一起玩?

- 我的衣橱里面有什么样的衣服?

- 我是怎么回别人电邮的,怎么与别人沟通的?

- 怎么描述一路来的心情,以及性格?

- 我住在哪里,请描述……

- 我住的地方是什么样子?

- 我工作的地方是什么样子?

· 放假都去哪儿？

· 为了从五年前的那个我走到五年后的现在的这个我，我还需要知道些什么？

现在问些其他什么问题，大事小事都可以，问问他的意见，并写下他的回答……

是时候回到现实中来了。向你的真实自我向导道谢，谢谢他的指引与这次会面。沿着来时的路返回；呼吸，跟着每一次呼吸的节奏，一步一步，从想象中未来的自己，回到现实中此刻的自己。慢慢地，重新感觉到你此刻的身体，让你的视线与感官回到这一刻周遭的环境。

以上整个训练的过程可能会令你有点兴奋。在我们进入下一步之前，先平复一下心情，回想并总结一下这次与真实自我向导的会面中，获得了什么信息。

可能你看到非常清晰的图景或听到明确的建议；也可能你听到的只是只言片语，虽然你可以感觉到什么，但无以名状。先不要急于下定论，之后你还可以回头再来做练习，现在把此次练习中的收获先记录下来：

与五年后的那个真实自我向导会面，你收获了什么？

五年后关于你的生活，那个真实自我向导说了什么，以及你们在的那个地方，有什么让你感到意外？

这次会面有什么是你意料之中？鉴于此，你目前对未来有什么样的假设或期待对你来说是确定了的？

在治愈比较心理，少一点做别人，多一点做自己的旅程中，通过真实自我向导的指引，看看做真实自我后的生活会是什么样子，这很重要。特别是通过以上的训练，你可以屏蔽社交媒体上的噪音，屏蔽社会上关于你应该成为什么样的人，应该做什么事的陈词滥调。刚开始做以上练习时可能会觉得没什么用，听不到什么灵魂的指引，请不要担心，因为我们正处在起始阶段。当你看完这本书，你会对如何做出忠于自己的人生规划，如何迈出下一步了然于胸。

不要因为觉得人生必须努力拼搏而倍感压力

诸多心理自助类的书籍和励志演说家，都会给我们编织一个美梦，让我们对人生开启无限想象，我们可以追求一切我们想要的，只要你努力奋斗，一切唾手可得。这听上去当然非常振奋人心，但不要落入毫无根据的乐观陷阱里，被这种乐观冲昏头脑，错误地相信，你必须不断努力才能获得快乐人生，就像仓鼠跑轮里的那只小仓鼠一样永不停歇。

无论你的真实自我向导告诉你什么，享受快乐的极致人生，并不意味着你一定要穿着名牌，保持着年轻的容颜，在美丽的草坪上跳舞，在人群中光芒万丈！（虽然这听起来确实令人兴奋！）

与比较心理及其衍生的不利影响作战，如果能让自己保持客观，中立的态度就已经足够了，说明你在朝着正确的方向进步，这已经值得庆祝和感激了。你持有的这种中立、客观的态度，可以令你获得内心的平静与坚定，就像香甜的甘露花蜜慰藉滋润着你的灵魂。在这样的状态下，我们才能睡得好，真正休息好，做出更好的人生决定，与别人更清晰地交流，不盲目做选择；我们可以倾听别人，也被别人倾听到，因为我们处在一种中立的状态，不盲目嫉妒别人，也不过分贬低自己。

你当然可以停下来歇歇脚，而不必像其他人那样不停奋斗，四处奔波，努力向上爬，只要这不是你现在真正想要的，也不是你此刻的真实状态，不想努力也没关系。等你恢复到好的状态了，你自然会继续向前。

这一章，我们学会了如何与真实的自我连接，优先考虑自己而非别人，从而在生活中展现真实的自己。这对成功克服比较心理是至关重要的，因为通过此环节我们获得内在的觉知，使真实的自我得以持久地展现。

在接下来的日子里，如果你在真实自我向导冥想训练中的感觉和想法在脑海中重新浮现，请不要意外，提高自我了解的整个过程都可能伴有这样的惊喜，因为你心中一直被忽略或遗忘的部分正在慢慢苏醒。自然而然地，真实自我向导冥想会为我们比较心理治愈的下一个阶段打下基础，在下个阶段，我们将把思想化为行动。

第三章

了解你真正想要的

> "我的欲望掩藏在世俗之外，无法言说。"
> ——弗吉尼亚·伍尔芙

在这一章，我们将更直白地剖析比较心理，这是本书最重要的内容之一，也是自我治愈旅程中最难的部分之一。本章结束时，通过不断地自我检视和剖析自我，你将对自己有更清晰的认识，并且更重要的是在此基础上制定出更具体的方案。

虽然不像做运动那样需要先热身，但下面的内容，你我都要做好全身心投入的准备，这样才能有所收获。

本章的内容包括探索自己真正想要的成功，并且不被他人的看法左右。在深入自我疗愈之前，你需要去思考自己的价值观和动机体系；然后通过完成为你特别设计的一些练习，你会知道自己人生下一步该怎么做，你会发现自身的动力源泉，从而更持久地、坚定地走自己的路（虽然一路上你仍会与自尊作战）。好了，不妨带上一块小饼干，让我们马上开始吧。

重新检视成功的标准

我曾思索过关于成功的标准以及现代人对成功的定义。成功这个词在字典中的两个定义是："对目标或目的的实现"和"对名声、财富或社会地位的获得"。

第一个定义看起来相当准确，除了有点枯燥直白。它适用于很多方面，似乎成功轻而易举。

从这个定义出发，成功意味着准时赶上飞机航班，这个星期每天按时去上瑜伽课，不随意对孩子发脾气，成功拿到一份 offer（录取通知），诸如此类。通过衡量生活中一件具体的事是否实现来定义成功，我们每天都可以沉浸在完成一件事的成就感中。

第二个定义看起来不那么接地气，更强调精英主义，正是这个定义让我们与别人进行"奥林匹克"式的竞争。说白了，如果你没有满足那三个标准，就说明你不成功，即如果你岌岌无名，没有处于社会上流阶层，或者你的生活方式与上流阶层的生活方式不一样，那意味着你不是他们中的一员。

如今，在社交媒体的驱动下，我们大多数人盲目地以名利、财富、社会地位作为成功的标尺，一想到这儿，我就忍不住翻白眼。如果可以拓宽视野，更深刻地理解成功的意义，其实它可以有更宽广、更丰富的定义。

在名利、地位、财富这三个标准外，还有很多其他标准：更好地平衡工作和生活，拥有更多的个人时间；与父母和谐相处；坚持储蓄不做月光族；花一点时间为慈善机构贡献一份力；婚礼筹备时不攀比不浮夸；工作中因出色的解决问题能力而得到别人的认可；或者为社区里的困难人群提供帮助。

你的成功由你定义

虽然人们对成功的想象可能大多相似或重合，但对于成功的判断完全是个人的。晚上睡不着觉的时候，我时常为来访者感到担忧，在他们身上我发现一些显而易见的共同点，大多数人宁愿被动地闭起眼睛做白日梦，也不愿清醒地主动追寻快乐与充实的生活。

作为一名比较心理咨询师，我在一开始向每一位来访者传达的基本原则是：

你对成功的定义与追寻，应该给你带来广阔而深远的成长，
这种成长建立在你确定你是谁，
每一天想让自己拥有什么样的感觉。
除此以外的任何东西，对你来说不仅不是最适合的，
还可能成为你不幸的来源。

再读一遍上面的话，我希望你从这本书里真正学到一些东西，哪怕不多，至少包含这一原则；我要让上面这段话一直在你的脑中，鼓励你坚守真实的自我，直到你的比较心理完全治愈：因为成功就是做自己，无论以怎样的方式，只要是忠于自己的方式。

请注意，如果读完这本书你仍把名利、财富、社会地位作为成

功的唯一标准，那么这是你的自由，我只能说祝你成功吧。但如果一直以来，你在没来得及问为什么的情况下，就被灌输这些观念，那么现在就请认真地问自己，这些所谓衡量成功的标准，真的适合你吗？什么才是驱动你付出时间与精力不断努力追寻的东西？我曾经花了几年时间追逐所谓的物质与名利，直到警钟敲醒做白日梦的我——那时我的状况很糟糕（简直处于崩溃的边缘），这迫使我重新评估自己对于成功的定义，问自己到底想要什么，我心目中的成功究竟是什么（而非他人眼中的成功），它对我的特殊意义又是什么。

快 30 岁的时候，我的生活在旁人眼里看起来不错，但实际并非如此。表面上，广告公司文案策划的职务看起来光鲜亮丽，但是却让我每星期至少要在洗手间里哭两次，我的社交生活几乎失控，而我和丈夫的家庭生活也正经历着翻天覆地的变化——丈夫的工作危机导致我们抵押了房子，不得不搬回父母家住了 18 个月——比我们原先计划的多住了 15 个月。这当然不是那种你会兴冲冲发照片晒到朋友圈里的生活，除非你想要别人问候你一句："没事吧？"

在那段时间，我每天都感觉生活举步维艰，有太多不快乐、不顺心的事情需要处理和修复。我和丈夫多年来的努力全部付诸东流，被迫回到原点，从头开始。但正是这样的状况迫使我必须看清自己的真实处境，重新审视成功的定义，了解对于当时的自己而言什么才算是真正的"成功"，从而快速成长和改变。之后，我给自己制定了阶段性的目标，一步一步去完成，并最终重新站起来。也就是说，在这个过程中，我把"成功"看作一个动词，首先必须去做的事是什么，必须进行的改变是什么——也就是搭建向不同阶段过渡的桥梁，完成每一个阶段性目标，这样我渐渐走出困境。

　　以上的经历不是我比较心理的具体疗愈过程。我不是来评价或指责你关于成功的选择或志向的。你当然可以追求你认为值得的事物，或是享受极致的体验！我想请你做的，是可不可以不以别人做什么、别人怎么样作为标准来衡量你要做什么，做得好不好；可不可以不让自己活在别人给你编织的那些看似完美的梦中，不去追逐别人眼中所谓的美好生活去完成梦想。你需要自己的声音，明确你的选择与志向对自己来说意味着什么。

　　别不小心被媒体上宣传的千篇一律的成功形象或是博主上传的用不同滤镜美化过的同一种生活所欺骗。在网上，我们稍不留神，就会让"成功"变成永远无法抵达的虚幻梦境，而你不停地追逐着不切实际，只想得到更多，总觉得越多越好。

　　当我与来访者第一次谈话时，大部分人一开始会先倾诉他们觉得自己想要却尚未得到的东西——这好像是人们天性中的一个永恒特质。当我们看着眼下的生活，大多数人总是认为自己处在一个窘困、贫乏的境地，总觉得还有很多事没做，很多话没讲，很多东西没学，很多目标没有完成，很多经验没积累，很多不满没发泄。

　　但事实是，换个角度看，现在的你就是成功的。你所拥有的远比你以为的要多。真正属于你的宝藏，鲜有人知，你只有看到已经拥有的一切并心存感激，对你所做的一切感到骄傲，饱含热情地追求你想要的，感恩此刻陪伴在你身边的人并好好爱他们。只有这样，你才能获得只属于你的宝藏。看到自己已有的成就，你才可以在追求成功的道路上走得更远。

现在，我想请你在脑海中想象一下成功的画面，它是什么样子？

成功的感觉如何？

你会和谁一起分享成功？

它闻起来，尝起来，听起来是什么样的？充分发挥你的想象力，调动你的感官，写下你对成功的感受。

行动小贴士

在小纸条上用一句话写下你对成功的定义，贴在你随时可以看到的地方：可能是床头、牙刷边、冰箱上、公交卡上、钥匙链上。每天随身携带这张小纸条！

想要提醒你的一点是，关于成功，有太多故弄玄虚的传奇故事和完全过时的心灵鸡汤。请不要理会这些，你只需根据自己的理解去定义自身的成功，主导自己的人生。

实时评估你现阶段的目标

你上一次思考自己真正想要的是什么，是在什么时候？

你立下的目标是什么？

在这个世界上，你想要成为什么样的人？

很多时候，我们没有意识到自己想要的成功是什么，不清楚自己想要怎样度过每一天，同别人比较的心理就会因此产生。对于成功是什么，选择怎样的路通向成功，大多数人都是人云亦云。

先停下来想一想，很多人觉得自己失败，其实是因为背离了自己真正想要努力的方向，而一味追求别人眼中的梦想和目标。对你来说，这些道听途说关于成功的看法可能来自父母的期望，学校老师的激励，或是朋友口中的评价。结果，我们照搬别人心目中的成功标准，而没有主动去思考与选择适合自己的标准；最终，别人对成功的标准可能干扰了我们内在指导自己通往自身成功的信号。

思考你目前的生活和工作，有哪些时候感觉是在追求别人的梦想和目标？这些目标可能来自一个你身边的重要的人，也可能来自社会媒体上的大肆宣传。请在这里依次记录：

_____

_____

_____

_____

_____

_____

_____

在我的来访者中还有另一种情况，当他们越来越清晰地认识自己的目标时，他们往往发现自身的发展已经与过去为自己制定的目标和期望不匹配。所以我想提醒大家，我们的目标就像有机蔬菜或营养品，也是有保质期的。

比如，二十几岁时你的目标是在公司升职并在业内获得一定的名气与声望。但是，那个目标对如今的你来说已经不再感兴趣，不再能激励你前进了，那么你就需要重新评估，现在的人生目标是什么，接下来的路该怎么走。所以，你需要确定，以前你追求的东西，如今是否还是你想要的。

你的人生价值观是什么

接下来的练习将使你了解，对你来说什么是最重要的。这是自我治愈过程中必须要解决的问题，你只有确定你的价值观是什么，才能按照价值观来行动。这样我们才可以制定计划，做出忠于价值观的选择和决定，也就是说，我们会更专注自己，而较少受到别人的影响。

以下列举了一些可能激励我们潜在价值观的词语，看一看你能否找到符合自己价值观的：

和平	公民权利	平等
创造力	成功	友谊
权威	平静	幽默

知识	正义	领导地位
美丽	信仰	自由
安全感	公平	开心
家庭	社区	尊敬
幸福	友善	冒险

仔细思考上面这些词，如果里面没有涵盖你认为重要的东西，请在下表写下专属于你的价值观。

在你生命中最重要的东西是什么？

_____

_____

_____

你将用什么词来形容你的价值观？

_____

_____

_____

_____

现在，请你在以上列表中选三到五个价值观的词汇，具体谈谈你的理解。比如，如果你选择"友善"，那么你可能会写出下面这些特征：不去恶意评价他人，客观地表达，富有同情心，耐心地倾听，温柔地交流，慷慨大方，等等。

1.

2.

3.

4.

5.

目前来看，在现实生活中你可以在多大程度上遵循你的价值观生活？几乎不？总是按照自己的价值观生活？

_____

_____

_____

如果每天你都可以完全按照你的价值观行事，你觉得那样的生活与你目前的生活会有多大的不同？

_____

_____

_____

每天怎样做才可以更好地按照你的价值观去生活？

_____

_____

_____

_____

在这里我们先稍做停留再继续，因为我们已经进行到比较心理诊断部分将近一半的历程——明白你真正想要的是什么，并定义你自己的成功。

花点时间确定自己的人生价值观，再运用我们介绍的其他自我治愈的方法，你会发现什么对你来说才是最重要的，并按照自己的意愿去生活。这也是为了让你开始觉察并询问自己，别人是怎么潜移默化地影响了我们的生活——有时候你可能感到惊讶或生气，不要着急，让我们继续温和地探索下去。

现在你已经渐渐熟悉自己和比较心理之间的关系，渐渐发现真实的自己，在接下来的疗愈过程中，我们将继续在此基础上建立你自己真正的目标。

剖析你的比较心理

接下来我们要一起完成一个看似艰难的任务，找到自己比较心理的根源。

一开始可能难以进入状态，你可以先为自己泡杯茶，放点轻松的音乐，点上一根蜡烛——任何能让你平静放松下来的小布置都好。你可以尽情地把答案写在这几页纸上，或把这个练习抄到笔记本上。如果手头没有这些东西，写在手机的备忘录上也可以。

为了能从这个练习中获得最大的收获，你需要打开心扉，保持开放的头脑和绝对的诚实；如果能做到以上几点，你一定可以朝着成功治愈比较心理的方向迈出坚定而自信的一步。迈出这一步，将会为我们在本书第二部分——治愈的工作打下良好的基础。

首先，找出并写下你目前生活中在哪一方面最爱与别人比较。
下面是人们可能会在生活中互相比较的方面，标出符合你的
答案：

· 工作和职业

· 爱和亲密关系

· 健康和幸福

· 社交媒体粉丝数和阅读转发量

· 创造力和表达力

· 领导力

· 精神世界和自我发展

· 收入和财务

· 家庭

· 家居和个人风格

· 其他没有列出，但你会与别人比较的方面

　　可能在许多不同的方面或只在某个热门的领域你会与人不停地
比较。无论你的答案是什么，都是独一无二的属于你自己的答案，
写出最符合你自身情况的答案即可。

　　现在，你已经找到自己在哪些方面会与别人进行比较，请选择
其中让你压力最大的四件事。这样我们就可以按问题的严重性进行排

序，优先解决目前对你影响最大，最困扰你的事情。请在下面写出：

目前首先要解决和治愈的四件事情：

1.
_____

2.
_____

3.
_____

4.
_____

　　请在下表每列最顶端的空格里写出困扰你，让你不停与别人比较的三件事，然后依次回答下面最左边一栏的问题，从而剖析你的比较心理，获得更深入的认识与理解。你可以翻到前面，重新回顾一下案例研究（17-22页）的内容，因为对以下问题的回答，就像是赢得水晶球的过程，水晶球就代表对比较心理更深一步的认识和理解。

　　以上瑜伽课的比较为例：

问题	瑜伽课	1	2	3
请给你比较的程度打分（0是没有比较，10是比较的状况很严重，经常出现）。	8			
最早是什么时候在这件事情上产生比较心理的？	四年前，当我想成为一个专业的瑜伽教练的时候。			
回想并写下你最近在这件事上比较的经历。	上个星期，我看到同是瑜伽教练的朋友，受邀在一个大型讲座上带领瑜伽活动。			
对自己的觉察是什么？也就是说，为什么这件事触发了你的比较心理？	我觉得我没有她厉害，我也想在行业中崭露头角。			
如果没有其他事情的阻挠，包括比较心理的问题，你觉得你怎样算成功？	我在社交媒体上会更加活跃，会出席瑜伽静修活动，指导学员做瑜伽。			

问题	瑜伽课	1	2	3
讲一两点你觉得可以减少自己比较心理的方法。	我可以找一下有哪些人会在这个夏天办瑜伽活动，然后联系他们。			
你可以取得自己想要的成功的理由是……	我有搜寻信息的能力，有人脉资源。我是一个好老师，我有很多东西可以分享给大家。我课上学员的反馈都非常好！			
一年后，在这个领域，你想自己有怎样的转变／你希望事情如何发展？	我会获得10个瑜伽指导的邀约。那时候我会感到开心和自信。我在社交媒体上会有一万多粉丝。			
你取得一半成功的标志是什么？（也就是半年后会是什么样？）	我将有自己的个人网站，人们通过我的主页知道我，并邀请我出席他们的瑜伽活动。我已经答应三场瑜伽活动的邀约。			

问题	瑜伽课	1	2	3
七天内向你的理想目标所迈出的第一步行动是什么？	我将开始编写我的个人网页，并为我可以联系的朋友创建一个谷歌文档。			

现在停下来休息一会儿，做几个深呼吸。通过以上练习，你可能感受到强烈的情绪冲击，收获意想不到的启发——寻找自己比较心理的根源，加深对自己内心的认识和了解，找到真正激励你前行的动力，这个过程一开始可能需要点时间来适应。所以，如果你现在需要起身让自己休息一下，喝点东西，站起来随意走一走——但记得一定要回来。等你准备好了，就继续我们的探索之旅，探索你真正想要的是什么……

对比较心理已有的认识

完成上述练习后，你对自己的比较心理有了怎样的了解和认识？写出此刻你脑中浮现的所有字词，不用想太多，直接写下来就可以。

其中哪些令你感到惊讶？

哪些是你原先有所怀疑，现在可以确定的？哪些是你已经明确
知道的？

无论现阶段你的认识是否彻底，至少你对自己的比较心理已经
有了一些清晰的认识，你感觉如何？

你还有哪些其他想法或启发？

许多人可能是第一次听说自我探索，所以我请你练习自我关怀，当我们像照镜子一样，看清了自己的思想和行为，无论它们是什么，我们都能更善待自己。继续阅读下去，按照本书的指导练习，你会逐步建立信心，到时候你可以随时回到这个练习，对自己的比较心理有更清晰的认识。

了解我们想要什么，不仅仅局限于我们渴望拥有什么经历或想要得到什么东西，还包括我们想要怎样过好每一天。

选择一个指引你的关键词

在任何时候，我们都可以调整自己的状态，调整自己的目标与方向，从而获得我们真正想要的东西。做到这一点的关键是，时刻意识到我们真正在意的是什么。我们大部分人每天忙得晕头转向，到头来也不知道自己到底干了些什么，所以经常提醒自己是否按照内心的意愿行动和思考是很有必要的。

为做到这一点，我请来访者用一个词或短语作为关键词，提醒自己对当下保持清醒的认识，时刻处在正确的航线。这个字词就像是我们的"指南针"，它可以为我们导航，使我们避开干扰我们航线的无关话语、场景、故事，驶向自己想要抵达的港湾。

这个方法有点像在开始一项计划前的表决心环节，比如说"今年我的目标是学法语"——强调的是要完成的具体任务；这里我们强调的是要达成的一种感觉状态，比如说"今年我要让自己回归内心的平静"。你的关键词应该是接下来的一年里，你想要达到的状态。看到这个词，你会勇敢坚定地按照自己的内心意愿去生活，你也会发现有些看起来无关紧要的决定，其实可能已经违背了你自己真实的想法。

几年前，我的关键词是"明确目标"。听起来虽然有些无趣和枯燥，但那时生活中有太多烂摊子等着我去收拾，通过这个关键词的指引，我才能集中精力解决一件又一件事情，原本杂乱无章的生活变得简单有条理，我才能清晰地看清自己的目标，确保我所做出的所有决定都是朝向我的目标靠近。正是那一年，靠着这个关键词，我的事业才有了起色。

接下来的一年，我的关键词变为"空间"。虽然生活渐渐有了改变，但是我却感到窒息，仿佛被关在一个笼子里，精神很压抑，一方面因为我每天只能在厨房工作，另一方面工作的压力使我透不过气。我知道，为了更好地生活和工作，我需要更多个人空间，所以我优先把"空间"设为关键词。不想每天面对成堆的会议，不想被迫在家中厨房工作。当然这是一个很长的故事，但最终我实现了关键词的目标，如今我在山顶有独自的居所，拥有向往的空间。

最近，我的关键词是"品味生活"。因为我感觉生活的事情应接不暇，不能长时间专注于一件事，总是想着"还有什么事等着我去做"。这个词可以让我慢下来，保持专注。无论是和朋友们聚餐、写博客，还是打扫客厅，我都想让自己全身心地投入其中——去体会每件事的过程，而不是不停地看手机，盯着闹钟上的时间，或是查看日程表上的工作安排。我要停下来，在此时此刻留意每一个被忽视的瞬间，感受每一分每一秒的美好，释放所有的感官体验，闻一闻花香，品一品茶盏。我要品味生活。

这些关键词让我一直积极地感受自己的生活，专注于我内在的感受和真实的愿望，因此我不再受到比较心理的侵袭，能够自在从容地生活。

请你设想未来 12 个月的生活，你想在这段时间里达到怎样的目标，选择和写出指引你生活的关键词。

指引我生活的关键词或短语是：

_____

_____

_____

因为：

_____

_____

_____

_____

通过这个关键词或短语的指引，你会记得内心真正想要的是什么，不再与别人比较。最重要的是，无论你置身于怎样的环境，遇到怎样的人，你都可以回归真实的自我，回到你认为对自己而言真正重要的事情上。

知道你真正想要的是什么，接下来，我们就看一看，你对自己未来人生绘制的画卷是什么样子。

绘制你的人生愿景图

小时候，我喜欢把自己喜欢或给我灵感的小玩意拼贴在一起做成一本剪贴簿。在我的剪贴簿里，有我喜欢的各种香水广告和我梦想有朝一日能住进去的漂亮小屋。在我卧室的墙上，我会贴上自己喜欢的偶像照片，和我想去游玩的世界各地的照片。

那些年少时期做的剪贴簿，它看起来只是一个小小的手工作品，但我会经常翻看那些自己喜欢、向往的小屋图片，它反而激励我好好学习，积极生活，因为我相信总有一天，愿望会变成现实。

之前，我还没有意识到自己做那些剪贴簿的意义，但是现在，我能够意识到，那时其实是在绘制我的人生愿景图。愿景图让一个人脑海中的愿望、志向与梦想变得直观且生动。绘制你的愿景图有很多好处，其中最主要的两个是：

● 在绘制人生愿景图的时候，你会给自己一定的时间和
空间，唤醒心中的渴望，借用艺术的力量，心无旁骛

地想象出来。所以这是一个神圣的事情，也需要你的
创造力和想象力，我们要以一颗敬畏心来对待绘制愿
景图的练习。

● 当你完成这幅愿景图的时候，你会注意到身边与你有关
的一切，令你心潮澎湃的事物，不断激励你的朋友和内
心真实的感受。这幅愿景图激励你不断为自己努力，告
诉你努力后会是怎样一番美好的景象。

我会先描绘关于自己的一张愿景图。当然，稍后你可以针对某
一方面，比如你的爱情、旅行、幸福感，来绘制你的愿景图，这由
你定。唯一的要求是，你绘制的愿景图必须符合自己目前的真实想
法和愿望，你想象的未来是处于不与他人比较，不受他人影响"比
较自由"的生活状态下。

今天，你可以开始绘制自己的愿景图。虽然我自己一般都在每
年的一月份做这件事，但你的愿景图如同指引你内心的提示词，只
要你需要，你可以在任何时间去创造它，然后用它来激励你的实际
行动，使你每一天都绝对专注于内心的目标，认真地努力（而不是
左顾右盼，为别人分心）。

你画的愿景图不需要多么整洁、有条理，只要是在一张纸上就
行——无论是一幅图画，还是一张贴满旧杂志拼贴的大纸，都可
以。另外，一定要加上能够激励你的语言和图像，越多越好。

---------------------------------- **行动小贴士** ----------------------------------

发挥创意和想象，享受其中的乐趣——大胆地梦想！无论
是在电脑上画，还是自己动手画，都可以！

完美的日冥想

如果你的比较心理无法让你清晰地看到自己真正想要的是什
么，那么下一个练习将会帮助你攻克。同样，我需要你调动自己的
想象，解开那些隐藏在潜意识中的秘密。

在下面的练习中，我需要你在脑海中想象对你而言完美的一天
是什么样——可能每一天都有些不同，但这些日子你能感觉到真真
正正的快乐。现在，让自己安静下来，想象那些美好日子的画面，
让自己置身于这些画面中。请找一个你最喜欢的、不被打扰的、舒
适的地方，也可以放一些让你轻松的音乐，安静地坐下来，开始这
次冥想练习。

想象一年后的某一天，你终于过上了理想的生活……

这一天清晨，你慢慢睁开双眼，迎接你生命中美好的一天……

你在哪里醒来？

环顾四周，你看到了什么？

早上起床后你通常要做什么？

一天的头几个小时你怎样度过？

什么时候开始工作？

你在哪里工作，工作环境怎么样？

和你一起工作的人是什么样子？

你对工作抱有的期待和所用到的技能是什么？

这期间你会说些什么？

投入工作的你感觉如何？

什么时候开始吃午餐，在哪里吃，和谁一起吃？

你喜欢悠闲惬意地吃午餐，还是快速吃完？你自己在家做午餐吗？（记住，这是你完美、理想的一天，你可以是你喜欢的任何样子。）

吃完午餐后，还要继续工作吗？

下午都做些什么？

下午的时光感觉如何？

傍晚了，这时你会做些什么？

此时你的工作结束了吗？会去见朋友吗？还是回家和家人在一起？傍晚时分，你理想中最想做的事是什么？

你会在哪里和谁一起吃晚餐？

你会在家做一顿美味的晚餐，还是出去吃？

晚餐后你会做些什么？

晚上你会制定一套固定的待办事项清单吗？制定的内容是什么呢？

度过了忙碌的一天，你怎样让自己放松下来？

当这理想的一天快要结束时，你即将睡去，你觉得这么一天感觉如何？用几个词来描述一下你的感觉？

回顾你对完美一天的看法。

有令你感到惊讶的地方吗？

理想中完美的一天，与你平常的日子有什么区别？

想要立即把想象变为现实，马上开始理想中的完美生活是不可能的。但是，通过冥想练习，你可以做出一些改变，开始做些不同的事情，让自己至少踏出改变的那一步；在这个过程中可能开启你对未来的理想生活的想象。

比如你目前住在偏僻的乡村，在冥想训练中，你看到自己是在一个繁华热闹的城市度过了你想要的完美的一天。

或者你目前单身，但在理想的一天中，你是与伴侣一起度过，虽然在现实生活中你还没遇到这个人。

所以，想象中完美的一天可能有些与你的现状不符，又出乎你意料，但这些其实都是你内心渴望的，包括你想要获得的经历，想要从事的工作，以及想要结交的朋友。

另一方面，通过这次冥想练习你发现理想的生活可能与你目前实际的生活非常相似，只是存在一些关键的不同，比如，在理想的生活画面中，你花在书桌前伏案的时间减少了，花在烹饪美食上的时间增多了，或者养了一条狗（你做到啦）。

----------------------------- **行动小贴士** ------------------------------

回顾你在冥想练习中写下的内容，选择其中一项，从明天
开始做出一些改变，然后每天坚持下去，这样你就在一步
步实现你的理想生活！

··

　　回顾你的经历，你知道有必要花上一点时间和精力，明确自己
真正想要的是什么。我们通过在脑海中想象自己理想生活的图景来
帮助我们发现心底的梦想与渴望，但梦想变为现实往往需要通过有
形的框架与可实践的目标，来确保现实中的每一步都在逐渐抵达心
中的梦想。所以，让我们来制定专属于你的实践目标吧。

制定目标，今天就马上行动

　　现在我们来看一看有哪些实用方法可以帮你将想象中的愿景变
为现实，而不再受到别人的影响。

　　不必等到年初再下决心实践这些方法，只要你想做出改变，随
时都可以。接下来的任务，就是制定实现人生愿景的具体计划与目
标——可以是一系列阶段性小目标——时刻督促自己向着这些目标
努力，在接下来的 12 个月，跟随真实自我的指引，专注你的人生。

　　把愿景图放在面前；翻回第 38 页回顾与真实自我会面时写下
的 5 年后自己的样子，再次仔细思考，因为这样可以帮你认识到自
己接下来的首要目标。

要经常回顾之前练习时写下的答案，这些答案为你指明了从今天一步步走向未来的道路；并让你明白为了到达那里，最重要的是什么。

现在，请你思考你觉得自己人生中哪些方面需要重新制定目标。

思考你人生的各个方面，在接下来的一年中，哪些对你是最重要的？你需要努力做出哪些改变取得进步？

· 工作与职业生涯

· 爱情与亲密关系

· 健康与幸福感

· 社交媒体粉丝数与阅读转发量

· 创造力与表达力

· 领导力

· 精神世界与自我发展

· 收入与财务

· 家庭

· 家居与个人风格

· 其他

总结：

在人生中，我感到最重要的、 需要制定目标的有：

1.

2.

3.

4.

　　以上为我们提供了丰富的选择，促使你采取行动做出想要的改变。当然这些并不是全部，之后在需要的时候你都可以回来继续设定其他目标。

　　接下来，我们要按照乔治·多兰（George T.Doran）创立的目标设定 SMART 原则，制定具体的、可衡量的、具有建设性的目标。

- S　具体的——目标要具体明确，而不是泛泛而谈，过于笼统。

- M　可衡量的——目标可以通过某种方式量化。

- A　可实现的——通过现有的资源和途径，目标是可以实现的。

- R　与你相关的——这个目标一定要与你自身或你的生活相关，这样你才会有实现它的动力。

- T　时间限制——要给自己设立完成目标的截止日期，使你保持进度。

比如，我最近的一位来访者想在事业上有所突破，希望在业内获得更多知名度，她制定的 SMART 目标大致如下：

"到七月的第三个星期，已经有 20 个记者对我的创意设计进行采访，至少有 10 篇介绍我的文章在媒体上发表。"

另外一位来访者的 SMART 目标是关于个人生活的：

"四个月后我已经搬回家，卖掉我所有的家具，找到工作，为实现旅行计划，每月存钱。"

你想改变人生中的哪几个方面需要制定 SMART 目标:

1.

2.

3.

4.

你的 SMART 目标不需要很完美，但它们一定要是你亲自制定的。无论这些目标现在看起来多么不现实，但将它们写下来是非常有意义的，因为这才是你应该投入的地方，而不是看着别人的生活妄自菲薄。

努力实现目标的过程中最重要的是坚定信念，持之以恒。

改变观念，改变人生

问题不是，"这有可能吗？"

问题是"我愿意去相信我是有可能实现的吗？"

比较心理的一个危害之处在于，它使我们还没有开始尝试就放弃了——因为它让我们觉得，"我永远都不可能像别人那样好 / 成功 / 有天赋 / 有资质 / 任何你想到的别人的闪光点。"我们不相信自己也可以成为那样。

"如果你不改变你的观念，你的生活只能如此。这真的好吗？"

——威廉·萨默塞特·毛姆

这也是我自己在摆脱比较心理，以及与来访者开展疗愈工作时，都要花很大的精力去改变我们的思维模式、想法与信念的原因。我知道有各种各样不错的方法可以快速地改变一个人的认知，比如 NLP(神经语言程式学) 技术，但效果大多如昙花一现，无法持久。根据我自己在转变金钱观念上的经验，我总结了一套改变观念的黄金三步法，这个方法经得起时间的考验，且永久有效。

1. **找出对自己没有用的观念**，比如，"我完全不会理财，我的财务状况永远不稳定。有钱的永远是别人。"

2. **尝试换一个想法**，这个想法是你可以接受的，然后保持下去，慢慢改变你的思想，比如你可以这样想，"每天无论用何种方式，我都要多存一点钱。"

3. **搜寻证据，**像小松鼠搜集松子一样搜集你可以做到的证据。信用卡按期还款了——我做到了！购物网站逛得少了——我做到了！

三个步骤缺一不可，简单有效，它可以运用于生活的其他领域，改变观念，提升思想境界。我们看看具体的案例，你将更了解这个方法：

现在的观念	改变的观念
"我太忙了，根本没有时间照顾自己。"	"照顾自己，迈出实际的一步，是有可能的。"
"我太内向，没法成功。"	"不需随大流，我可以用我自己的方式获得成功。"
"我永远不可能遇到我的真爱。"	"现在是我提升思想、强健身体、丰富精神世界的时刻，而在不远的将来我一定会遇到那个对的人。"

反思自己在生活各个方面的观念，写在下面……

·工作与职业生涯

_____

_____

·爱情与亲密关系

_____

_____

·健康与幸福感

_____

_____

·社交媒体粉丝数和阅读转发量

_____

_____

·创造力与表达力

_____

_____

· 领导力

· 精神世界与自我发展

· 金钱与财务状况

· 家庭

· 家居与个人风格

·其他方面

如何给上述观念换一种表述方式，就可以变得更积极、更鼓舞
人心？

换一种表述后的新观念是什么？你在生活中经历了什么，发现
了什么证据证明新观念的可能性，并最终真正改变了你的想法
和信念？请记录下这个过程。

好，让我们深呼吸休息一下！你完成了我们第一部分的训练！如果没有全部做完也没关系，只要行动起来，你会越来越清楚自己真正想要的是什么。

这一章的练习会给我们很多启发，希望你已经对自己有了清晰的认识，也希望在不断加深对自我认识与理解的过程中，你能够诚实地面对自己，接纳真实的自我，看到自己脆弱的一面，善待自己。现在，我已经把我最喜欢的方法介绍给你，比如写出引领你的关键词，绘制人生愿景图，当然还有完美一天的冥想练习，SMART 目标制定原则。希望你已经清楚地知道如何去生活，才能活出真实的自己。

在开始第二部分之前，请再次翻看本部分每项练习中的笔记，你会觉察到比较心理，并且摆脱它的影响，获得释放身心的力量。

现在，我们已经完成比较心理治愈之旅的第一部分，你可以奖励自己一颗金色小星星。接下来，让我们转动手中的钥匙，去解锁旅程的第二部分吧。

2
PART

比较心理的疗愈

第四章

专注力

"你现在所处的位置不能决定你未来的人生高度。"
——贝拉克·奥巴马

本章将介绍一些方法帮助你避免因他人的事分心，只有这样你才能专注于自己的人生。

有的方法快速且实用，比如分析自己的时间分配，从而优化时间管理，将更多的时间投入到自己身上以及你认为重要的事情上。

还有一些方法帮助增强自我专注力，使你摆脱传统思维的束缚，让你知道应专注于哪些目标，以及如何保持专注，从而为实现目标做出有效的努力。方法包括转换思维将自身的优势最大化，以及屏蔽网络世界的噪音，保持专注。

不要与过去的自己做比较

你有没有与过去的自己做比较的经历？比如外貌、人生目标、所拥有的东西、周围环境等等各方面。我经常看到有人这样说，"一个人只应该与自己比"。比起与别人比较，这个观念更为积极，但仍存在一些问题，因为和以前的自己比较也会令你迷失自我，不能专注于当下，甚至否定现在的自己。对不起，亲爱的朋友，如果要继续这趟治愈之旅，我们无法对上述这种鸡汤熟视无睹，你当然不用与过去的自己比较，因为今天的你，此刻的你，有着最棒的、不为人知的天赋、勇气与经验。

此时此刻的你无论看起来是什么样，你都是地球上唯一的珍宝，是整个宇宙的一部分。你的内心充满着爱与力量，你如此珍贵。

你很复杂，难以用语言形容，你的独特存在毋庸置疑。

现在，我想请你与此刻的自己相遇，就在你此刻所处的地方。在前面的章节中，我们已经完成了治愈旅程的诊断部分，剖析了你的比较心理，那么现在最重要的就是回到当下，把现在作为一个全新的开始，一个重新出发的机会。

事实上，以前对你有益的，现在不一定有用。比如，你的身体随着年龄增长发生变化；你的家庭可能在经历了悲欢离合后变得与过去不同；你对时间的需求有所变化，你可利用的休息时间也与以前不同。

所以，我们需要一个全新的方法，一个完善而强大的计划，根据当下对自己最重要的事物重新开始。过去已然过去，总结经验，不要因沉湎过去而忘记现在的自己。过去所有的日子引领你来到此刻，成就了现在的你！这一刻就是更好的自己。

我并不是让你完全忘记过去，只是不要让自己被过去束缚，以免在与过去的自己比较中越陷越深！

避免分心，获得高效

关于时间管理是老生常谈的话题了，但只有管理好你的时间，才能减少比较心理。另外，掌握高效的时间管理能力，也是治愈比较心理过程中必要的一步。

关于时间管理方面，很多人易陷入的一个误区是：我们没有足够的时间去做我们想做或需要做的事。比如，坐下来写个博客，研究怎么开网店，好好写份求职简历，给小孩洗澡……任何你想做却又认为没时间去做的事！

然而，"没时间"可能是你为了逃避做这件事情找的借口，这需要我们反思下对不同事情的优先级排序。如果你真的想做某件事，你就应该专门抽出时间来。下面的练习将帮你真正认识到，你的时间都去哪儿了以及怎样把时间找回来。

你怎样度过每一天，你就怎样度过这一生。在接下来的 3 天里，请记录下你有意识或无意识地花时间做的每件事情，记录下你的精力用在哪里。下面的记录表格你可以抄在笔记本上、手机记事簿上，当然还可以导入你的电子日程中，这样可以一目了然。

请记录你是怎么度过每天的，包括每个时间点都做了什么、就餐时间、出行时间、在哪些事情会拖延、开会延迟的时间、健身时间、路上堵车的时间，等等。

第 ＿＿＿ 日：

早上 7 点

早上 9 点

上午 11 点

下午 1 点

下午 3 点

下午 5 点

晚上 7 点

晚上 9 点

晚上 11 点

凌晨 1 点

连续记录 3 天，你将有惊人的发现。比如，我的一位来访者是 3 个孩子的妈妈，时间对她来说是不是很紧张呢？尽管如此，通过做以上的日程记录，她发现自己每周有 3 个小时花费在看别人的美妆视频上，而这段时间完全可以用于录制她自己的美妆节目，因为她自己也想做美妆博主，但是抱怨一直没时间。

我的另外一位来访者说，她从来没有时间提前安排工作上的事，所以未完成的工作越积越多。通过这个日程记录练习，她发现自己每天都睡得太晚了，导致第二天早晨起来都浑浑噩噩，低效地开始新的一天。于是她定好提前睡觉的时间，早上起床后她就多出 45 分钟的时间来安排工作。改变后，她的个人精力和工作效率都得到提升！

连续做了几天日程记录后，你可以再回顾下上一章自己写下的目标和价值观——一定要写张小纸条提醒自己查阅以免忘记！你也可以一边阅读本书后面的内容，一边做日程记录的练习，我相信你也可以同时高效地进行多项任务！

做完 3 天日程记录后，请继续完成下面的练习，帮助你改变每天的生活习惯和模式，合理利用时间，去做想做却没时间做的事情。（你可以回到第三章完美日冥想练习时做的笔记内容，下面是一个案例供你参考。）

停止做的事	少做一点的事	继续做的事
不能再同意学校助理的要求。	少看社交媒体，避免与人比较。我还是想上社交媒体，当它能给我带来积极、正面的体验时。	继续参加个人培训的课程。

要继续多做的事	要开始做的事
更好地安排周末 / 和朋友小聚。	开始写作——博客或者本书的开头——当作练习!

每过半年，我就会做一次上述练习，重新评估我的时间安排，看到我的时间都用在哪里并做出调整。有时候习惯比其他东西更难改变。比如，由于经常熬夜，晚上睡觉的时间越来越晚。另外，当你在日程记录表上看到自己坚持在做某些事，并养成习惯的时候，你会非常有成就感。比如，我发现"一周锻炼三次"这件事已经从"要开始做的事"一栏，转移到"要继续多做的事"一栏，这表明我在坚持朝着保持健康、提升幸福感的目标前进。

本节的内容非常重要，总体来说就是更专注于想要去做的事情，而做到这一点至关重要的是——如何分配你最宝贵的时间。那些不比较的人身上都有一个共同点：他们能够合理安排时间，不虚度时光，不会在不必要的事情上浪费太多时间！虽然我们大多数人都非常忙碌，但我们仍可以通过上述方法，合理调整自己的时间安排，专注于自己想做的事情上。

一日之计在于晨

早晨如何度过决定了一整天的状态，因此要重视并充分利用早晨的时间。具体怎么做呢？

曾经，早晨的时光对我们来说是多么简单放松。自然醒来，穿衣，吃早饭，出门。然而，随着社会节奏的加快，早晨十分忙碌，一睁开眼要先打开社交软件查看最新动态，做运动，边吃早饭边开晨会，送小孩到幼儿园，等等，有很多事要做。

现在，请你屏蔽这些外部世界的声音，给自己一个美好的晨间时光。我会介绍一些小小的仪式活动和练习，这有助于滋养你的身心，强健意志与精神，使你的生活焕然一新。你需要尝试去做，并养成习惯：

去洗手间前别玩手机。早晨醒来，把自己放在第一位，关注自身的感觉与需要，看邮件、微博、微信等事情之后再说。你要保持觉察，不要让网上的噪音影响你的状态。

早上别开灯，直接洗澡。虽然这不一定适用于每个人，但促使转变发生的关键因素之一，是你能够温柔地对待自己，关注自己身体的感觉。如果可以的话，沐浴、梳洗都在自然光下，无须人造光刺激，随着室内光线的变化，你的身体也一点点苏醒，舒服地迎接新的一天。

练习感激。写下五件让你感激的事，并给自己小小的鼓励；接下来的一天从寻找身边正发生的令你感激的事开始，你会发现日日是好日。

听一些轻松的音乐。我的一些来访者会听疗愈音乐或喜欢的歌单，以舒适放松的状态，开始他们的一天。如果你喜欢动感十足的电子音乐也没问题，但是因为接下来一整天都不可避免地接受各种感官刺激，所以能听上十分钟轻柔舒缓的音乐，可以使你获得难以置信的平静。

结合这些建议，再看看自己在完美日冥想训练里理想的一天是怎样度过的，计划一个虽不完美，但足够简单可以立即执行的晨间日程，让你把接下来的一天尽可能过得美好。

早晨做什么决定了你的一天，同时我们也要用爱与友善为每一天画上句点。

回家，给自己充电

回家后常见的场景是一边开门，一边心里想着"快快快"直奔还未完成的工作；要不就是一下子瘫到沙发上。

我明白，工作一天后你已经感觉筋疲力尽了。所以我们更有理由温柔地关爱自己，爱护自己，使我们的精力得到恢复。下面是我为来访者设计的晚上应该做的事：

回到家： 播放轻松的音乐，点上一根蜡烛，这是标志你回到自己世界的小小仪式。

滋养你自己： 喝点解渴的饮料，吃点小零食恢复体力。

感激： 同早晨一样，写出五件你觉得这一天中进展得不错的事，或是你想要感谢的事。

深呼吸，释放压力： 计时两分钟，闭上眼睛，让自己找一个舒服的姿势，保持深呼吸，直到时间结束。

放松，重新与自我连接： 接下来，梳洗后，换上舒服的衣服，看看自己定下的目标。想一想这周可以做些什么，朝着目标迈进。

结合这些建议，看看自己在完美日冥想训练中写下的理想的夜晚。为自己计划一个目前最适合你，能够立即开展的夜间行程，从而为第二天做好准备。

好好度过夜晚，可以帮助你恢复精力，重回宁静、专注的状态，而不是被动地自我消耗。这样做可以让你拥有更充沛的能量，把时间和精力放在自己身上，以及对你最重要的人和事上。

过一个美妙的周末

周日晚上你或许会感到心神不安。可能是因为你周末在聚会上玩得太开心，这两天几乎没怎么睡觉。也可能这个周末什么也没发生，但一想到周一的工作你就心烦，担心接下来难熬的一周。

面对这样的来访者们，我建议他们写一个周末的日程表，或者计划一次短途出游，这样才能充分活在当下，尽情享受整个周末。他们也能够觉察自己是如何度过周末时间，怎样过一个有意义的周末，并且训练自己有意识地保持专注的能力。

你可以尝试以下方法，帮助你更好地度过周末时光：

- 下午四点以后不要再看社交软件

- 去不常去的餐厅吃饭

- 去大自然中散步

- 做一件让你觉得开心的事

- 进行冥想训练

- 上瑜伽课

● 听心理自助的音频讲座

● 学点自己感兴趣的东西

● 更换床单

● 整理床头柜

另外，你最好在星期四或星期五的时候，提前安排好周末的活动，这会让你有一种期待感。

描述一下你为自己计划的周末是怎样度过的。

请记住，我们不需要立刻完美地掌控时间，只要在这方面有一点点的进步就很好。对于为人父母、经常出差的读者，看到我上述的建议可能会想自己根本没有时间。我绝对不会逼迫你做任何一件你觉得勉强的事。我只是想请你试一试，有没有一两件事是你目前可以做的，只要你愿意尝试。

以你自己的方式，觉察自己是如何度过时间的，这样可以显著提高你的专注力。接下来，让我们继续做提升自我觉察力的训练吧。

戳破完美主义的幻想：打开心结，给自己更多选择

来访者经常跟我说，他们意识到"必须这样做才完美"的心态会破坏他们对自己人生的专注力，滋长比较心理。好，那就让我们来看看"完美主义"。

我看过一个笑话，说"当你和一个完美主义者在一起，你很快就会知道，因为他会确保每件事都做到完美，包括告知你他是完美主义者。"

这句话令我发笑，虽然有些失礼，但我发现很多时候确实如此。为什么不讲出来？说出自己的高标准应该得到赞赏而不是批评；毕竟，完美主义的性格可以让你把一件事从做得好到做得极致。

我们都参加过晚会，精彩的压轴表演往往让人回味无穷；我们也曾在某个重要的会议上做报告，自己预先排练数十次，就是为了确保正式报告时每个字都正确无误；我们品尝过让人味蕾瞬间爆炸的美味，那需要付出大量时间精挑细选食材，严格把关每一个烹调细节。

完美主义如果善加利用，可以成为你追求卓越的力量。为了表达对完美主义者的欣赏，我要说——希望我们可以认识他们，希望我们可以成为他们，希望我们可以加入他们的阵营！

然而，不要因为一味地追求完美主义，而过于苛责自己。完美主义者容易陷入"全或无"的极端思维模式，即如果不能做到最好，那么就什么也不做，这种心态无法实现梦想，人生计划一直拖延不去实现；而有这种心态的人看到别人成功时，就容易陷入与他人比较的心态中不能自拔。

布芮尼·布朗强调，完美主义不是尽力做到最好，而是必须做到最好，它是我们前行路上背负的沉重盔甲，用来保护自己免受外在的批评。

生活在现代的我们，为了发一条完美的朋友圈，小心翼翼百般斟酌；人人推崇一种"不极致，毋宁死！"的价值美学，这也似乎已经成为我们衡量事物的标尺，难怪我们因追求完美而形成拖延的习惯。也就是说，当我们觉得一件事情不够完美时，我们就会迟迟不去行动。只要打开一个社交媒体软件，你就能看到无可挑剔的人设，精致完美的身材，美不胜收的艺术品，夕阳美景的自拍照，所有这些渐渐成为衡量我们生活的最低标准。如果我们达不到这个标准，又何必费力去做这些事情？所以，我们常常还没开始就已经感到挫败了！

随着社交媒体的发展，更加剧了我们内心完美主义的倾向。看到他人发布的内容，我们不是受到激励，然后付诸行动去努力，相反，我们受到的刺激是陷入一种内心的恐惧——人生如果不像社交媒体上呈现的那样"完美",那还有什么意义?

如果发生下面这些情况,说明你已经陷入与他人比较的心理:

● 越来越难为他人的成功而发自内心的开心,认为他人在
做你想做的事情,拥有你想拥有的事物,这令你感到不
开心。

● 以他人取得的成就为标准,难以找到自己想要的成功。

● 一个项目刚刚取得某些进展,就急于与那些已经辛苦耕
耘多年的前辈们取得的成就做比较。

● 过于注重结果,忽略了从事情开始到完成中间的过程,
想直接收获成果。这意味着,我们错过了其中一项重要
的步骤,那就是去学习,去探索自己的方式,找到适合
自己的路,以属于自己的方式实现目标。这种照搬别人
成就,急功近利的方式使你的比较心理更强烈。

因为他人做得比自己好,认为自己达不到他人那样完美的标
准,就放弃了原本想写的书、想说的话、想唱的歌,所有这些都是
因为完美主义带来的过高标准和预期束缚了你。因为觉得自己不够
完美就停滞不前,放弃尝试,这非常令人难过和惋惜。

毫无例外,通向成功的路永远不可能一帆风顺,这是一个反复
失败与不停尝试的过程。开始可能错误频出,中途仍不停失败,屡
屡遭受自己无法预见的种种挫折,而这些在领奖台的演说词里,社
交媒体的帖子里,常常不会提到。

汉纳·盖茨比在 Netflix 开创的特别节目《娜娜》脱口秀令她在 2018 年备受瞩目，她强调成功需要付出很大的代价，在成名前她已经在喜剧圈里摸爬滚打有 10 年之久。

史蒂文·斯皮尔伯格失败了两次，才考上南加州大学的电影学院。这显然并没有阻挡他后来的成功，他导演的电影票房高达 85 亿美元。

奥普拉·温弗瑞曾在巴尔的摩的 WJZ 频道的晚间新闻节目中被解雇，因为电视台并不想要她那种类型的主持人。看到她在全球媒体界取得的成就，当初被解雇就显得很可笑。

李·查德是著名惊悚小说作家，他的书包括《杰克·李奇》系列如今销量上亿。如果不是他快 40 岁时失业在家，这一切可能都不会发生。

每一个成功者，在成功之前都遭遇过一些不完美的人生至暗时刻，而这些都是人生旅途的一部分。任何人的成功都离不开坚定的意志，反复尝试，直至最后实现目标。

所以，这里我想让你彻底明白一点，完美主义只是自欺欺人的借口，成功不是一蹴而就。在追求成功的路上，你可以失败，走弯路，也应该做好准备允许失败的发生。在我与来访者的谈话中，我都会听到他们对我说想追求自己的梦想，但希望这条路是容易的，他们非常害怕途中遇到挫败，担心把一切搞砸。但是，又有谁可以直接抵达梦想呢？每个人都要为追逐梦想付出努力，妥协，牺牲，承受痛苦，没有人例外。

成功没有捷径，唯有不懈努力

你的人生旅程终须付诸辛劳与努力，途中也会历经艰难险阻、起起落落，但请相信你的努力是值得的。不要幻想有什么捷径，以为有什么魔法，念几句咒语，梦想就能实现——不，你必须付出实际的努力。

那些独特的技能、天赋、性格的闪光点、高深的见解、价值观、思维模式、做事的热情都不是无中生有，偶然获得的。当你不断磨炼自己，一路披荆斩棘，遇到的绝不会是一句玩世不恭的嘲笑：失败者，你就是个笑话，你所奋斗的一切都不值得！

记住，所有的努力都不会白费；

也许，你会一直努力下去；

也许，你会找到成功的路径；

也许，你现在就应该开始你精彩的冒险之旅。我知道你可以做到，对吗？

不必追求完美，去做就行了

想想这个朴素的事实：每一份杰出的作品或每一次成功都可以做得更好。对于创作者来说，为了呈现更完美的作品，总是有办法绞尽脑汁将细节雕琢得更精致，策划更精妙，延长交工时间，询问更多的意见。但是，如果那样的话，著名画家弗里达·卡罗永远放不下画笔完成一幅画，"蓝调之父"穆迪·沃特斯也永远不会完成一首曲，爱因斯坦永远不会向世界宣布任何一则伟大的理论，因为总有更多可以改善的空间。

所以，是时候停下来，卸下一味追求完美的负担，不要再让这种思想妨碍你完成工作，发表艺术作品或思想见解；不要花过多的时间与精力追求所谓的完美；不要再吹毛求疵，不停地填补修改。你做得已经足够好了，无论在你看来它多么不完美，是时候让别人看看，接受别人的批评或赞美了。你只需要放下对"完美"的追求，大步向前。

> **"好，更好，最好，不断追求，永不停歇。**
> **直到好变成更好，更好变成最好。"**
> ——圣杰罗姆
> （古罗马学者　公元 347-420）

没有人要你降低做事的标准，我只是想请你放下执念，不要被完美主义的假象困住。

当然，你可以走自己的路，努力克服可能出现的与人比较的心理，而不是还没开始努力，就觉得别人轻而易举的成功让自己挫败感十足。

我会引导来访者做"好，更好，最好"的练习，这可以使人发挥最大的潜能，走出舒适圈，不断完善自己，也可以使他从极度追求完美的怪圈中跳出来。

拿一张纸，写下你想努力实现的一个目标。（你可以从上一章你填写的人生目标中选出一个答案。）

接着，写下实现这个目标最好、最完美的方法是什么。

然后，完成 70% 的目标结果是怎样的。那时你虽然没有完全达到目标，但很接近了，你为自己感到骄傲。

最后，请写下，怎样算是虽然离目标还有一段距离，但结果也还不错？虽然没有很理想，但你已经在进步的路上，这让你有信心继续努力。

　　以上就是你关于"好，更好，最好"三个阶段的描述。你建立了一个衡量不同阶段的成功标准，这让你处于一个安全的轨道，勇敢向前，随时查看自己的里程数，避免掉入完美主义的陷阱。

　　在比较心理治愈之旅中，你会发现，任何进展都是好的，不要再因为别人在做什么而分心，不要因为别人耽误你自己的进程。在这个阶段，我们要做的就是高度专注于自己想要做的事，然后去行动——不完美的开始也是开始！

利用现在，撬动未来

> "看清现在所处的位置，充分利用一切资源，
> 尽你所能，全力以赴。"
> ——阿瑟·阿什

阿什是第一位赢得温网冠军的黑人球员，他也是一位社会活动家，为许多社会事业积极奔走，呼吁大家抵制与废除种族隔离制度，提高大家对艾滋病的防范意识。在这里我与大家分享他的事迹，是因为阿什说过很多有力量的话却经常被人遗忘。他是真正让改变发生的人，我们都应该知道他的名字。

每当我感觉自己没什么进步，甚至要从头开始时，他的话总能让我看到希望，振作起来，继续朝着原本努力的目标前进。无论处境多么绝望，他的话总能重燃我的自信，让我绝处逢生。他的话为我们提供了一个支点——那就是，无论你此时拥有什么，你都要最大限度地去利用它。

他的忠告发挥作用的关键在于，让我们看清并接纳现实的自己。并不是让你逆来顺受，对不理想的结果妥协，不切实际地执着，这只会让你自怨自艾，顾影自怜，并且停滞不前。看清自己的实际情况，接受现实，在此基础上逐步改变才能让你真正蜕变。

看清现在的处境，马上出发吧

反思过去固然重要，但是对于已经犯下的错误、做出的决定、

错误的判断，紧抓着不放，一味深究毫无益处，反而浪费了你的精力，而你原本可以投入到你想要做的事情上。放下过去，好好利用你从中学到的经验，获得启发，继续接下来的进程。

比如，你可能在自己的事业上一直表现平平，似乎这些年没什么出色的成绩。那么，请花一点时间再好好思考一下自己的职业理想和规划。

比如，你可能正处于失恋的痛苦中，迷茫而孤单。今天就下决心找回自己，记录下你的感觉，理清头绪，认识到这段让你痛苦的关系也曾有过美好的时光。

一旦下定决心，就在自己的道路上不断前进，不要停留；点燃你心中的热情之火，永不熄灭！如著名作家凯伦·拉姆所说，"改变的最好时机是一年之前，其次是现在。"

充分利用手中的一切资源

可能有些人比你拥有更多的资源、人脉、空间、休息时间、经验、财富、精力，甚至社交媒体上的粉丝。你可能因为看到这个事实又陷入同他人比较的泥沼——不要让它发生！

是的，我知道可能你现在每天时间都安排得很满，你真的渴望能拥有一点自己的时间。但是，在上下班的路上你不是还在玩手机浪费时间吗？不如利用这段时间跟着音频，给自己片刻的宁静和放松。

你可能看到喜欢的博主们用某款相机拍出精美的照片，你也很想拥有那款神奇的相机，但是那款相机很贵，要存很久的钱才能买到。那为什么不先用自己的手机拍照，再下载一个修图软件来打造你自己的个性照片呢？

你越懂得运用自己已有的资源，越可以加快你前进的步伐，遇到更多的机会，获得更多的资源。

尽你所能

成功与幸福是日积月累，持续努力的结果。有时候，为了继续向你的目标迈进，你必须换个角度看待自己目前的状况，因为这可以拓展你的思路，让你逾越障碍。

你的工作可能需要你为新产品上市做宣传，但是你并没有一个潜在的客户名单。那么，为什么不以自己的博客为平台，对产品进行介绍呢？毕竟那数千个读者很可能成为你的潜在客户。你也可以跟朋友打声招呼，去他的网络电台上推广，至少短期内可以增加受众。

在私人生活方面，可能你和伴侣的关系岌岌可危。你想要解决矛盾，但你们争吵不断，争吵反反复复，没有结果。要知道，你不可能将问题一次性全部解决。为什么不找婚姻咨询师做婚姻咨询呢？和你的伴侣一起获得帮助，改善关系。

你拥有的一切都是有用的，虽然你可能暂时不知道如何利用你的经验、人脉等资源，但你只需后退一步，换个视角，再次审视你目前的状况。记住"好，更好，最好"的进步法，确保每步都是朝着自己想要的方向迈进。

这样，你可以更专注自己以及自己的目标，不会再受比较心理的困扰，无法影响到你目前的进程。尝试一下，你也可以做得很好。

行动小贴士

回到第三章再确认自己的人生目标，然后运用上面"看清现实、调动资源、尽你所能"的方法，思考如何最大限度地利用自己的能力和资源，朝着目标迈进。你会发现，有很多选择和方法出现在你面前。

好了，亲爱的朋友，目前看来，一切进展顺利。你重获了对时间的掌控力；你意识到自己拿完美主义当借口的坏习惯；你更清晰地看到自己已拥有的资源——这多么值得庆祝啊！然而，如果我们不具备掌控网络世界开关的能力，以上这些努力就会前功尽弃，那么，让我们进一步看看关于社交媒体的问题。

适度上网，避免分心

我们知道比较心理从很早就已经伴随在我们身边了，而网络社交媒体的兴起更强化它的存在，甚至无时无刻不出现在我们每天的生活中。因此，我们必须调动自我意识与自我管理能力，让我们专注于现实世界的真实生活。

虽然有些人已经选择完全放弃使用社交网络，但是大部分人，无论年龄、性别、背景如何，或多或少都会接触网络世界。完全脱离网络世界在现代几乎是不可能的，你的生活和工作很难正常运转。

我们都困在这个问题中。你可能一方面批评现在的年轻人浪费太多时间在网上观看短视频，另一方面又忍不住刷着朋友圈，而浪费的时间也无从找回。

接下来，我将帮你找到网络世界的开关，让你清醒、快乐、有节制地上网，而不再被动地浪费时间。

你不需要戒网

当我建议人们不需要完全戒网的时候，大家都很惊讶，以为我会提倡大家杜绝网络。不再上网，远离网络社交媒体，重置自己的生活，就像"戒毒"一样？

我并不相信这种极端的方法会有效。当然，你不应该依赖电子工具，让它完全占据你的时间和注意力。说来容易，但不杜绝，同时又要做到内心平静，减少沉迷网络带来的压力，增加你与现实世界的联结，解决办法就是改变你上网的方式，换一种心态对待网络社交媒体，而不是彻底远离它。

对于我们大部分人来说，网上充满诱惑，诱发你与人比较的心理，而当我们想去制止这些负面影响，又不知从哪里入手。按下想象中的红色戒网按钮，比起改变你目前的习惯，可能会对你的整个生活带来更大的冲击，你真的想彻底断网来平衡你线上和线下的生活吗？相信你和我一样，并不想这么做。我们需要的是调整心态，改变习惯，提高自我觉察能力——因为只有做到这些，才能带来实质性的改变，最终改变我们的上网习惯，获得积极的体验，也给我们周围人带来有益的影响。

让我们轻松、顺利、有效地改变，采用我经常和来访者们提到的"我的 Party 我做主原则"。也就是说，如果你不邀请这个人、名字、账号，那么你就看不到他们的动态了。

对，即使是你亲戚、朋友、同事，如果你对他们在网上发的内容不感兴趣，你感觉不好，那么就将他们从好友列表里删除，或是屏蔽他们动态一段时间，除非你感觉需要他们出现。

另外，我们也要避免对列表里的好友反复删除的情况。在判断与谁保持距离的时候，你有你的理由，当然由你自己来决定。在这个问题上，我自己的标准是：

- 是否让我获得信息——"之前我真的不知道！"

- 是否让我开心——"这就是我人生需要的乐趣！"

- 是否让我感动——"看，世界上有很多善良的人。"

- 是否满足我的好奇——"噢，原来你是这么做到的！"

- 是否激发我的灵感——"哇，也许我也可以尝试这么做！"

- 是否各方面挑战我的认知让我进步——"我，女，四肢健全，看来我对这个世界的许多认识都存在偏差。"

以上几点我认为最后一点特别重要，我们不能只活在自己搭建的"房间"里，也就是说，圈子里的人不要普遍同质化，和我们的观点、生活方式都差不多，如同一个人对着很多镜子生活。

那么，你自己要承担起筛选网上社交圈的责任，确保你的好友能够让你获取新的信息，给你启发，让你开心，让你感动，让你了解当下的时事，使你了解不同的声音，使你拓宽视野，建立自己的知识体系，形成自己的观点。

拥抱你周围的世界，警醒自己可能拥有的自我优越感，虽然这可能让你心里不舒服。在与自己相似的社交圈中，你所接触的信息大多是宠物、高级时装、千篇一律，最终你会变得麻木。如果你看到的只是这些童话般美好的表象，你会失去内心改变的渴望。

营造一个滋养你的朋友圈

现在，让我们将理论化为行动。如果方便的话，请拿出你的手机，按照以下的步骤操作：

打开手机上的社交软件，查看每天你在好友圈里看到的账号。再次思考，这些人是你想邀请进入生活的人吗？

如果你发现有些人你其实并不想邀请，取关他们或者屏蔽他们的消息，行使你筛选朋友圈的权利。你的感觉如何？

如果让一个陌生人看你手机上关注的名单，是否可以从朋友圈好友动态总结出你是个怎样的人？你是个观念狭隘、不够包容开放的人吗？你是如何看待这个世界的？什么能鼓舞你、激励你？

思考我列出的原则，即能否给你教诲、灵感、挑战你的观点等等。还有其他可以补充的吗？

网络社交圈过于泛滥的原因是什么？

好，下面交给你，有意识地去建立一个你需要的网络媒体社交圈。

关注哪些人或事物才能让你获得正能量、幽默感，增加你的行动力，让你学到东西，并让你感到亲切可爱？下面是一些供你参考的问题练习：

工作与职业生涯	什么样的精神导师、行业领袖、革新人士、前辈与研究学者，是你未来在工作上想要成为的人？
爱情与亲密关系	怎样的生活方式，哪些诗人、咨询师、作家、治疗师、教练及博主发布的信息，可以使你不断探索内心的美好情感与渴望？
健康与幸福	该领域的专家、电台主播、博主、老师、教练，有哪些可以让你生活得更好？
创造力与表达力	有哪些艺术家、语言学家、思想家、作家、散文家、演员可以经常激发你的灵感？
领导能力	有哪些思想领袖、著名企业家、实干家可以帮助你提升领导潜能？
精神世界与自我发展	你在哪里可以找到信念体系？哲学、冥想的内容，哪种能满足你的精神需求？
收入与财务	哪些品牌、人或企业可以帮你实现增加收入、储蓄、管理债务以及投资的目标？

家庭	有哪些群体或社区组织可以针对不同年龄或处于人生不同阶段的人提供心理与实际的支持和服务？比如关于生育健康、婚礼策划、丧礼等方面的服务。
家居及个人风格	有哪些服装时尚、家具布置的博客令你感觉可以表达自我，无论是当下流行趋势还是慢生活？
其他方面	你的某个爱好，比如喜欢做的体育运动，喜欢一个喜剧演员，你很想去一个地方，订阅这些方面的消息！

感觉如何？是不是挺好玩？你可以用关键词搜索一些适合你关注的账号，以及那些可以为你的生活增加活力的声音与人物。你也可以问问朋友，看他们有什么推荐。经过一段时间的筛选，你就会更好地管理你的社交媒体。

怎样在网上与他人社交互动取决于我们自己。不过，由于每天的生活已经十分繁忙，我们每时每刻都暴露在过度的感官刺激下，我建议可以从在每条你感兴趣的推送下面留言评论开始。也就是说，当你欣赏某人发送的某条推文，表达出来，留言互动，可以为你的网络社交带来积极的火花。

我明白，有些人觉得自己性格可能比较内向，不会主动发表意见，但我是这样认为的，默默在网上"潜水"只是被动地浏览信息，就像快速翻阅手中的一本杂志，只是获得单一的信息。如果你可以让自己置身其中，你会有更丰富、精彩的体验，也会发现更多志同道合的人。

注意我们都关注了哪些账号，每天都在浏览哪些内容，觉察我们看到这些内容的感受，不仅可以让我们专注在自己人生路上前进，专注于给我们灵感与启迪的事物，还能让我们迎接挑战，成为这个世界的中坚力量。

取关有助于提升你的自我专注力

在刚开始管理社交网时最主要的难题是，怎样可以不再关注这个账号。从什么时候开始，一个小小的按钮有这么重大的意义？从我们赋予它重要的意义开始！

我要强调的一点是，你在网上是否关注某个人的账号或者被他关注，不能反映出你和这个人在现实中的关系。比如，我不会在手机上关注我现实生活中朋友的社交账号，因为我不在乎她怎么装修了她的房子，装修进度怎样，用了多少钱，等等。

但在现实中，我会亲自到她装修的家中，带上一瓶香槟，祝贺她装修完温暖的家。到她家之前我会先给她打个电话，担心她一直没时间煮饭，问问她要不要我带些外卖过去一起吃。但是我需不需要加她网上的账号呢？不需要，不加也没什么关系。

这种"不需在网上加朋友圈"的默契对我和我的朋友是双向的。在我线下的朋友中，我知道有些人在网上故意不加我，或者索性屏蔽我网上发布的信息，是为了避免相互比较的心理，在真实的生活中造成尴尬。

如果说有人没有在网上关注你的账号，特别是身边那些亲密的朋友，并不一定表示他不再支持你了，也不意味着他不再欣赏和喜欢你了。大家越能够明白这一点，就越不会把关注与取关这件事看得过于重要，就越能摆脱对网络的依赖。

下次如果你看到一个人取关了你，或者你在考虑要不要取关某个人时，请你记住我上面所说的。这样你才可以给自己一点呼吸的空间，重新振作，更专注于自己的事情，继续跟随你自己内心的动力。

如果你想把之前删的好友再加回来，又担心对方发现你删过他们，怎么办？我知道这样的可能性还是会给你带来一丝担心。

这也很简单，我来帮你消除这个烦恼。下面的文字你可以用来应对这种情况，我自己已经用了很多次：

> （他们）：
> "嗨，我收到你添加朋友的请求，之前你是删了我吗？我们之间没发生什么事吧？"
>
> （你）：
> "嗨，对，我又是你的好友啦。之前网上有些事，我需要给自己一点空间透透气，所以删除了一些好友。现在我又回来啦，等不及要看你的动态——你度假的照片拍得太好啦。希望很快见到你！（加一个表情）"

注意你回答中的一些要素：

1. 你承认之前删除了他 / 她。

2. 你干净利落地陈述了自己的观点，无须多余的细节或大篇幅段落讲你私人的事。

3. 不需要抱歉。

4. 你用积极愉快的态度结束你们的谈话，让你们的关系继续维系下去。

行动小贴士

打开你手机上的社交软件，删除或屏蔽那些不需要的人。
当然如果万一以后被他们问到，你也知道怎么回答。

所以，在我们消除比较心理，重新专注自己的时候，你要记得，你不是非要关注某个人不可，你不欠他们的——你也不需要非跟他们解释不可，你不需要去说服谁，让谁相信你的理由，因为你有你的理由，这是你的自由。同样情况下，别人也不需要向你解释。

苏珊（可以是困扰你的任何人），不好意思，看到你以前和现在的照片对比并不能给我的情绪带来什么波动和震撼！我是个情绪稳定、心理成熟的大人了。

不要被美化的表象分心

"不要轻信肉眼看到的一切，
你的所见不一定为真，即使盐看起来很像糖。"
——玛利亚·啊哈萨姆

噢，天哪！我以前也被那些滤镜修饰下的假象所迷惑。看着照片中的人，光彩夺目、完美无瑕，心中感觉迎头一棒，猜想他们是怎么做到的？！

"她都有八个小孩了，头发还是这么光泽盈亮！"

"他们刚刚开始创业，怎么就有这么多粉丝？"

"他们才刚刚度假回来，怎么这么快又去旅行了，好浪漫！"

其实我们看到的，只是刻意筛选、精心修饰过的事实。但我们自恃清高地认为，我们和他们不一样之前，还是诚实地看待自己，因为每个人都会有自己小小的虚荣心，都想去制造斑斓的泡泡赢得关注与赞美。我知道我是这样的，比如自拍的时候我会拍很多张，然后挑选一张最好看的发到网上；或者和朋友合照，我也要摆出去奥斯卡领奖的姿势与表情，而事实上我只是待在朋友家花园的露台上喝着半凉的玫瑰茶。

尽管我们有天性上的弱点，但是如果我们知道某些人故意捏造真实生活，伪装成另一副样子，以彰显他的优越身份，赢得大家的喜欢，我们还是会觉得不爽。当有些人在网上打造的人设不真实，那么这时候，我们应该当机立断，屏蔽删除这个人的账号，确保我们回到"真实的自己"，与别人仍是"真实"的关系，以维护没有滤镜、没有虚伪评价的真实世界。

所以，并不是所有的事物都是它看起来的样子。接下来可能会有点难懂，但我要详细地讲一讲我们是如何被表面光鲜的人或事所欺骗，又如何触发了我们的比较心理。你在网上看到的这个家伙看起来是那么扬扬得意令你嫉妒，但事实真是如此吗？他有理由这样做吗？

事情的关键在于，你可能会觉得，有人需要通过夸大来美化自己普普通通的生活，就会有人不需要任何伪装，在网上真实地呈现现实生活中本就光彩夺目的样子。

他们离婚后各自都很快乐。

他们确实在事业上遇到不可多得的机遇。

他们的孩子确实很可爱。

他们的装修进行得特别顺利，实际效果也如设计图上那么惊艳。

看到别人好会令自己感觉不好吗？让我们来看看"零和博弈"的概念，即有人成功，就有人失败。那么别人光彩夺目，就意味着你暗淡无光。

事实上，我们应该尽可能在他人失意时给予安慰，因为我们也希望有朝一日自己不如意的时候，同样能获得他人的支持与鼓励。

听起来很不公平？确实是。但如果你总是把注意力放在别人身上，只关心别人做什么，我们自己内心的警灯就会亮起，提醒我们已然偏离了自己的轨道，落入了比较心理的魔爪。

我们现在可能还没准备好对在网上美化真实生活的人喝彩献花，献上祝福；但另一方面，我们也不必去斥责他们，因为我们每一个人，在现实生活中都会掩盖自己不好的一面，制造自己想要看到的结果，这就是真实的你，别人也一样。

不要让网络干扰你内心的平静与专注力

现在，我要分享一些方法让我们再也不会因为网上看到的信息或朋友圈动态而焦虑，也可以使我们对自己有更清晰地认识。要使我们的上网体验变得更开心多彩，跟随内心，我们还要在其他的一些方面采取行动。

并不是说我们可以立刻做到完全理性上网，虽然达到这点也非常重要。下面分享的小方法可以让你的时间、专注力与精力，投入到自身、目标以及人生中最重要的人上面。

永远保持"休假中"的状态。如今好像什么事都很急，就算不是真的很急也表现得很急，是不是？

如今给别人发消息，我们恨不得人家立即答复；我们无法确定所有待商榷之事的优先级，不知道哪些事情应该先说，哪些事情可以晚点再讨论。因此，无法有意识地投入足够的时间来考虑我们最想说的事情。

崇尚快节奏的我们，一边被这种思想和习惯赶着做事，一边确实在如此行事，就像进入了死循环。我们"火速"发邮件，来信息一刻也不能等马上打开查看，对于网上的加好友请求立即同意，随时查阅新收的电邮，甚至我们说的话都像连珠炮一样，滔滔不绝，语速飞快。但这到底对我们有什么益处呢？

我理解，身处工作环境的我们，同事有什么需求，我们第一时间跑去帮忙；有任务来了也必须在截止时间更改前或自己忘记前赶快完成。我也理解你说——我才没时间和你寒暄聊天，因为我压力很大！

但是，我们每天醒着的时间也很有限——既然你想要有意识地重拾对时间、专注力以及精力的掌控权——那么，如果那封电邮可以晚点再回复，那就晚点再回吧。

保持"休假中"的状态可以让你：

● 调整别人对你的期待（即他不会期待你能马上回复）

● 使你有时间思考后再做出适当的答复（有些情况根本不需回复）

● 告诉世界你的时间由你掌控

当然，这可能对工作账号不太行得通，但可以用于你的私人账号，一启用这个状态，你马上会感觉全身心轻松了。对于企业家和自主创业者，我建议你也可以在工作邮箱设置此状态。

如果有人来信，你可以统一像下面这样自动回复：

"感谢您的来信。我每天／周都会数次查看这个邮箱，对于紧急的邮件我会先予回复。由于目前我的事务繁忙不能立即回复，请您耐心等待，对此向您表示感激。"

停止尽快回完所有邮件的想法。接下来，我们要做的，是放下必须回完所有电邮的想法！你逼自己每封信都要快速回复，未回复的电邮数必须为零，这并不能代表你做事多么有效率。这只意味着你回电邮快，但是我要提醒你，别人并不会把这看成你的优点，也未必会对你的及时回复多么感激。

我给一个来访者布置的作业是每天只能查两次电子邮件，并且每次最多 10 分钟，一开始她感到完全不可能并且紧张万分。但是在后续咨询中，她告诉我，她做到了，虽然每天总共加起来只有 20 分钟，有些看起来不着急的邮件她都没有点开回复，但是所有要紧的事情居然也都得到了关注和处理。

这样她还能每天给小孩洗澡共享亲子时光，也抽出时间修理了从长辈继承过来的旧梳妆台，因为她的大脑终于不再一直运转不停，她能够把工作从个人生活中排除出去，她不再像个机器人一样围着电脑工作个不停，而是分出一点时间给自己的休闲生活。

关掉蓝色小钩……关掉所有通知。 这里的蓝色小钩是指 WhatsApp（瓦次普）上的"已接收到与已阅"的通知。如果你在上面发信息给别人，你看到上面的双对钩变蓝，这意味着对方已经接收到，并且点开阅读了你的信息。应该是有读的吧？

其实我觉得蓝色对钩没什么意义。比如我正好在上地铁，不小心点开了你的信息，两个对钩变成蓝色，但是我可以确定我正忙着其他的事情，还没来得及好好读你信息的内容。所以如果对钩没变成蓝色，收信息的人还没打开你的信息，你完全不需要心里嘀咕或不爽，因为此刻他 / 她正在赶地铁，努力过生活呢。

我们平时总是一有空就看下手机，看看有没有人给我们发消息。请你好好想一下，我们真的需要来信提醒的通知吗？

关掉这些通知反而可以使我们有一个固定的在线时间，知道什么时间上网，以便更集中地去回复网上的消息，而不是时不时地打开手机查看；也可以使我们在不看手机时更专注于手头的工作，有更多大块的时间去处理重要的事情，而不会被时不时振动一下的消息提醒分心。

把无关紧要的联系人同重要的朋友分开。互联网最奇妙的一点是可以把不同年龄、背景、地区的人通过网络组织到一起，相互之间随时保持联系。然而你可能淹没在无尽的群消息和邮件中，轰炸你的信息却大多数都与你无关。

比如，你的家庭亲戚群里大家可能在讨论圣诞节聚会的事，而现在才七月！

比如，你前同事的群里，大家一天到晚，把他们自己的日常生活，事无巨细在群里聊。

再比如，一个本地旅游群，里面的成员天天晒自己的旅游计划，他们特别喜欢分享那些无足轻重的细节。

无论是哪种情况，无论你是内向还是外向的性格，你都需要独处时间，让自己从这种信息炸弹中全身而退，避免加入太多的群，特别是正努力重建自我专注力的你尤其需要去做的。确保你不是被强行拉进某个群；如果你觉得需要屏蔽它，或是退群，不要犹豫立即行动。当我们可以合理地管理上网的精力，理性地与他人互动，我们就可以更理性地应对网上的社交关系。所以，如果在现实中你只是与个别以前的同事关系比较近，那么就保持与这些朋友的联络，友好地退出别人的群。

我们都有过那样的时候，被网上各种消息轰炸，每天一点开群就是几百条未读的消息，花上十几分钟爬楼，终于把消息读完，虽然大多与你无关，但日复一日，你知道你还会忍不住继续这么做，不舍得退群，因为你总害怕会错过了什么重要的内容。这就是错失恐惧症的副作用。

当你感叹"我怎么没有晚上和他们一起出去玩，我错过了什么好玩的事！"的时候，你就更容易产生拿自己与别人相比的心态，特别是当你知道他们没邀请你时（尴尬）。当我们在网上看到朋友们一起出去玩的合照而自己因有事没有加入他们，或者发现自己没有被邀请而感到尴尬的时候，我们就容易陷入比较心理。不能对此种心态加以戒备的话，我们甚至会去质问自己，那天晚上我到底在做什么，怎么没和他们出去玩呢？这说明你因为没和别人做同样的事，对自己的决定产生了质疑。别上当！要提高自我觉察，意识到这种情况下触发的比较心理，这是我们整个治愈过程的重要部分；越实践你越会发现，这些触发因素不再让你脱离自己的人生轨道，因为随着自我意识的提升，你会变得越来越专注。

---------------------------- **行动小贴士** ----------------------------

逐一尝试上面的各条社交网络管理的建议，留下对你有用的那几条。这样我们把世界与自己隔开一臂之长的距离，也给自己一定的空间，专注于自己最重要的目标。同时，通过把更多的时间、精力、专注力投入到自己身上，你的比较心理也会越来越弱。

然而，并不是只有我们的网络生活才需要清洁和整理。如果我们想与自己的生活保持真正的连接，我们的现实生活空间也需要一点调整。

为未来释放心灵空间

我的名字叫露茜·谢丽丹，我有囤积症，对旧物有情感依赖，这种状况正在渐渐改善。

直到几年前，我才开始决定定期清理我的东西，在此之前我一直拒绝这样做。因为我最终不得不意识到，抓着过去不放真的很辛苦，太念旧让我的生活止步不前。

那时候，扔掉那些纪念品、小饰品，以及其他旧的东西让我觉得很痛苦，因为那些东西让我想起以前所珍视的人，过去的某段经历或是以往的生活点滴，它们对我有着重要的意义。比如我上大学时的公交卡，十几岁时的生日卡片，与前男友在一起时的电影票和一起出去旅游时的路线图，第一份工作的工资条……只要你能想到的，我都存着。但是保存时间久了，变成了我情感上的包袱，占据了我的头脑与心灵太多空间。

在那时，这加剧了我的比较倾向，因为它让我觉得自己被困住了，忍不住与那些似乎能够轻松拥有一个舒服而宽敞的居家环境的人进行比较。此外，它也使我难以专注地思考或做事，因为当我的思想和行动被成堆的旧衣服和泛黄的老照片包围时，我如何能施展拳脚，大干一场？

在这个属于"这个东西令你怦然心动吗？"的收纳理念时代，我们更能理解，收拾家里那些会给你带来心理与情感包袱的物件，打造一个使你感觉踏实、自在、启发你灵感的生活空间是多么重要。现在，我们也有很多收纳整理的方法，不过这并不意味着对我们来说就是件简单的事。比如那时候的我。

当时的我很固执，完全听不进去。对于我来讲，清理那些旧物的结局就是我坐在床上大哭，被一袋袋要丢弃的垃圾包围，而我也没勇气那么做。但是，就在那段时间，我越来越意识到，对过去的东西紧抓不放，以及对那些东西所代表的过去的人生阶段和曾经认识的人依依不舍，已经影响到那个当下我与身边人的关系，也可能威胁到我本可以不受别人影响的未来岁月。

以下我要与你分享的，就是后来我是如何一步步清除我的情感依赖和比较心理，而发现这个过程其实并没有想象中那么痛苦。

如果你纠结于各种过去的事物，它们对现在的你来说没有什么价值，也无法帮助你成为想要成为的人，那么，请尝试用我总结的黄金三原则来卸下这些心理负担：

1. 决心去做。清除心里的负担，找回与释放心灵的空间与活力，当然需要时间。在我决定开始整理的那天，我抽出了整个周末的时间，把这件事写在日程表上，这样随着周末到来，我知道我已经下定决心要完成这件事，不会再拖下去了。所有的社交活动我都谢绝掉，我要充分地利用这段时间。我想象着这个周末过后，当我在星期一的早上醒来，看到周围焕然一新，是多么神清气爽。

2. 对过去的一切感谢，原谅。定好你需要完成这件事的时间，你要去觉察和体会自己开始整理时出现的感受，这样有助于安抚你可能出现的情绪反应。给自己房间整理出更多的空间，也是让自己获得内心的宁静，为内心释放空间的过程。对我即将放下的过去的人和事，我会表达感谢与原谅。怎么表达？对我自己来讲就是去想象我的心里发出粉红色与金色的光，撒向那些过去的人和事，然后在脑中重复着"我要放过自己，放下你们"。

比如，无论是在家中冥想，还是走在街上，我都会在心中默念再见与原谅的话语，无论是之前辜负我的男友，还是冤枉我的朋友，我都要予以原谅；对于真正爱过的人，以及与他们共度的美好时光，我要表示感谢。我发现，原来在我心里一直抓住过去不放并让痛苦肆意生长的，是 17 岁青春期时那个心碎与彷徨的自己，是我内在的这个小孩一直停在那个阶段，不肯长大。而通过感谢与原谅，我的内在小孩得到了滋养与成长。

这让过去原本一直被我封存压抑的感觉和记忆开始流动起来；我也可以将过往的东西一一包起来，收进垃圾桶里——也就是终于可以随着时间一点点释怀，与过去和解，而不是以极端抵抗的情绪去对抗它。

3. 专注下去，胜利的曙光就在前方。我不能忍受自己坐在衣帽间门口犹豫到底要不要留着一双已经脱线的人字拖。我知道犹豫不能解决任何问题，我必须更坚决更彻底，就像在手术台上为保命而做出必须切断一条腿的决定。如果你看到信封里那一摞塞得鼓鼓的多少年前的生日卡，你觉得真的会想要一封封都读完吗？肯定不会。所以在这一秒，我就要把那些旧卡片全部丢到回收箱。为了获得治愈，你必须果断地做决定。

你最终为自己整理出多少空间，就可以为此刻的生活注入多少新的活力。

你可能身处豪宅仍觉得拥挤；也可能安身于小公寓中，却感觉辽阔与自由。在那个时候，我知道家里囤积了那么多旧的东西，使得想要的东西无法再进入我的生活。

比如，如果我一直还保存着前男友的情书，还怎么要求现在的丈夫给我更多的爱？不可能。所以我必须狠心做出选择，不再优柔寡断地待在这个困局之中。

对于我和来访者来说，我们需要通过断舍离达到一种"重启"的状态，让一切都重新开始。意识到我们真正需要的、希望置身其中的是一个给我们支持的家庭，一个促使我们努力和进步的环境。而这样的环境才可以帮助我们专注于脚下的路。试想一下，如果你每分每秒都在充实地活着，进步着，还有什么时间去和其他人比较呢？

　　这章有一节的标题是"不必追求完美，去做就行了"，这也是达到自我专注的关键。

　　找到适合自己解决分心、提升自我专注的方法将会是一个需要不断努力的过程。但是，通过这一章，你对自己的时间去哪了有更清晰的认识，你对复杂的社交网络有了更深的洞察，并知道如何管理你自己的朋友圈，相信你现在就可以做出一些改变了。

　　另外，你还学会了如何挖掘潜在的资源，并使其得到充分利用，从而帮助你更好地行动，往理想的目标前进。如果你对自己将要做的事情还是感到紧张，心里没底，不用担心——在我们旅程的下一章，我会帮你建立自信。

第五章

自信心

"创造力最大的敌人是自我怀疑。"

——西尔维娅·普拉斯

本章的核心内容是让你学会肯定自己，相信自己。你的自信是你自己给的！很多人与别人比较，看谁更自信，更能在人群中脱颖而出。无论在别人眼中我们的气场是否强大，但是从心底里我们总觉得自己不够自信，而这又会影响我们在别人面前的表现，以及自我专注力。当我们花大量的时间猜测，在别人眼中自己是不是足够自信，我们自然不能专注于努力实现梦想。

所以，在这一章，我会与你分享提升自信的方法，激活你现有的资源，让你一往无前，最终实现自己的目标。

现在，请先回顾一下你在第三章制定的人生目标，读完这一章可能会激励你产生新的想法，做出新的选择，取得更大的进步。

害怕成功，缩手缩脚

要完成治愈比较心理的旅程，有必要在这里先提出一些需要警惕的问题。当然，我们会继续探索帮助你的方法与工具，我也会一如既往地支持你，为你提供帮助。但是，我们先要探讨一个你可能未曾想到的问题。在明确自己真正的目标，做到自我专注后，有80%的人可能会遇到这样一个问题，那就是：很多人只知道要努力拼搏，并不知道当自己取得一些成就和幸福后该怎么办，不知道如何长期保持下去。当你的努力终于有了回报，你的心里似乎出现了某种恐惧——如果你以前没有过这种体验，你应该为此做好心理准备。

我喜欢的作者盖伊·亨德里克斯强调了追求成功路上的潜在障碍是：

从心底里认为自己很差。在你内心深处似乎有一个声音，跟你说不值得拥有你梦想的生活。所以当你想要实现自己的梦想时，这令你感到不安——你会变得畏惧与退缩。

背叛和抛弃。你可能会担心，如果你实现了自己的目标，会被身边人认为你太有野心，你担心这是对他们的背叛，你害怕你爱的人会抛弃你。可能你看到家族里某个亲戚刚刚做成什么大事，别的亲人反而不那么喜欢他，把他当成外人。你不想像他一样被你的家人排斥。

越成功，负担越重。"钱越多，烦恼越多""福祸相倚"这些话，令你害怕得到渴望的事物，认为那不仅意味着更多的麻烦，还有可能招致小人的嫉妒和陷害。

要掩藏自己的锋芒。这种思想极为普遍——你的成功会让别人不舒服，让别人受到伤害，好像你独占了别人应有的赞美。从小我们就被告知："别让你妹妹看到你考了高分，因为她考得不是很好。"

诚实地问问自己，你是否会受到以上想法的影响？有些人可能从未这么想过，也有可能引起某些人的共鸣。看到即改变——看到自己确实被这样的想法影响，就是你克服比较心理取得的小小胜利。

要想克服这些恐惧，就要意识到我们可以向着理想的生活迈出坚定的步伐。要做到这一点，关键是建立并维持你的自信。

什么是自信

自信是对自己深刻的了解，对自己的能力、资源、潜力以及个人判断力的肯定。自信让你获取内心的力量并使之不断强大。

自信的人，不需要声张或宣称自己拥有什么能力，而是自然毫不费力地展现能力。他们不会向别人吹嘘自己，而是用实际行动展示自己。他们的真实生活，以及他们与别人的关系，说明了他们是怎样的人。他们可能让一切看起来轻而易举，但事实上，一分耕耘一分收获，表面上的风淡云清都是背后长时间努力的结果。

虽然有些人可能生下来拥有财富，但这些人只是少数，而那些意气风发的人，也需要去攻克自己人生路上的难题。也就是说，无论你在什么环境中成长，你都能追求创造自己的人生。

当你看到有些人面对人生种种沉浮时，无论多么泰然自若、处变不惊，但他们不是生下来如此，也不会一直都是这样。自信并不是一种与生俱来的特质或长期不变的状态。当然，有些人天生可能就比别人表现出更自信的状态，但是对于大多数人来说，自信需要努力才能获得。

即便有人平时处事不乱、做事大方得体，如果他和爱人分手，再谈恋爱时也会紧张。

即便极具天赋的作者，在作品出版前也会经历一番挣扎，因为他们也会担心自己所写的内容在别人看来是否有价值。

即便有人对遭遇的并不严重的交通事故一笑了之，再次开车的时候也会有点害怕。

即便有能力、聪慧的人，一次重要的人生事件或一个消极的思维模式，也会令他们自信心慢慢瓦解，摇摇欲坠。

你可以评估一下自己的自信程度：从 1 到 10 分打分，1 分代表你情绪低落，脆弱无助；10 分代表你信心十足，感觉自己一往无前，势不可挡。

自信有助于消除比较心理

增强自信是我们摆脱比较心理的关键一步，因为拥有自信你就能掌控自己的思想与行动，最大化地利用自己的资源，无论它是多是少；最终，自信心将激励你跟随内心的力量，朝着人生重要的事情迈进。如果不自信的话，我们想说的话无法说出口，思想保守陈旧，时间总是浪费在与自己无关的事情上，因为我们不敢提出自己的意见，害怕做出改变，或指望改变自动发生。这种状态持续下去，你就会感觉不满，自我抱怨，比较的心理就会产生。最终发展为，与人比较，觉得别人比自己好，看自己不满意，不断陷入自我抱怨的恶性循环。

当我们的自信心被激活，就可以立即做出积极的改变，履行对自己的承诺，并让自己投入到对自己而言最重要的事情中去。回头看看你在第三章做的"剖析比较心理"的练习，第四步练习中的理想情况很可能包括你获得一种坚定的信念，自尊，自信，专注于自己的人生目标。

我希望你能记住该练习中自己给出的答案，你可以随时查阅。因为你是这趟疗愈之旅的主角，一切都与你有关，我希望聚焦你心中的渴望，并将之贯穿整个旅程。

当你能够有意识地增强自己的自信心，就不会再陷入与人比较的困境中。

在我看来，自信心并不是你本身的特质，而是拥有的某样东西，就像一种储备，今天可能储备充足，明天可能不够用。所以，如果你感觉自信心不是很稳定，时而自信，时而不自信，反反复复，那么说明你是个正常人，因为人就是如此。别对自己太苛刻，偶尔的不自信也没关系，关键是看清你今天的真实状态，了解自己目前是否足够自信，以及可以做什么来提升自信心。

自信心就像我们生命体内的燃料——无论是在工作还是生活中，你的燃料越多，在追求人生目标的路上就可以跑得更久，走得越远。话虽如此，但我觉得自己总体上是自信的，可有时候也处于崩溃的边缘，跌入人生的低谷，质问自己到底做了什么，怎么完全失去了自信，感觉自己像个废物。哦，我完了。这些感觉可能持续一个下午，第二天便会忘记；也可能像个不请自来的客人，在你心中盘踞，久久不肯离开。在这种情形下，我会删掉我所有的日程计划，抽出时间唤醒自己的自信心。

我们下一个要完成的任务：你不会一直处于无比自信的状态，相反，有时我们觉得自己天下无敌，有时又觉得自己一无是处。自信心总是起伏变化，我们要做的就是诚实地看待自己的状态，随时做些什么来唤醒与增强我们的自信心。为了这个目的，从今天开始培养自我觉察意识，并做出实际的努力。

在向你介绍一些重要的方法，帮你提升自信心之前，让我们承认这是一个感性的、难免情绪化的话题。

找到属于自己的自信

他人身上展现出自信的状态和媒体中推崇的自信形象，影响着我们对自信的理解，甚至产生一些错误的理解，所以先让我们澄清一些误解。

可能你认为有些人不惜一切代价追求自己想要的东西，甚至无视他人的尊严，牺牲他人的利益，这种人就是有自信。这并不是自信，这是自私冷酷。

可能你的某个朋友行为举止夸张，在公众场合总是大声说话，让众人不得不注意到他。那也不是自信，那是缺乏安全感。

或是你的某个同事或老板有着极强的好胜心，一定要成为他人眼中优秀的人，不能忍受任何人比自己更厉害。那也不是自信，而是自恋。

以上只是少数错误的认知，我们一直以来认为自信的人应有的状态，自信的表现都是错误的。

现在，就请你来纠正并找出正确的答案吧，从以下的问题开始：

自信对你来说意味着什么?	
在现阶段的人生中，你用什么词语来描述自信?	
在哪些方面你可能觉得缺乏自信，需要提升自信?	
谁是你自信的榜样?为什么?	

现在我们可以继续这个思路探讨。强大的自信不是瞬间就能获得的，但是能够在短期内做出令你改变的决定，也会给你带来莫大的惊喜。

每一次为自己做主就像是转动钥匙开启一个宝箱，自信心就是宝箱中属于你的礼物。持续有意识地为自己做决定，真的会改变你的生活——一切从这里开始变得不同——接下来，我们做下一个练习。

我列出了一些获得自信的关键点，你可以运用到自己的生活中。我把建立自信的方法分为几大类，我发现在我的来访者中很有效，而且也可以根据个人的具体情况做出调整。

1. 话语中体现出自信；

2. 处事方式中体现出自信；

3. 行动中体现出自信。

1. 话语中体现出自信

（a）说出你心底想说的话，事先做笔记整理

很多人宁愿保持沉默，也不会把自己的想法说出来。因为我们担心说出来可能会招致不必要的麻烦，引发冲突，破坏与他人的关系。但总有一个时刻我们不能再坐以待毙、逃避闪躲，我们必须要讲出自己的想法。对于严肃、意义重大、敏感的问题，发邮件不行，必须要亲口说出来。

我们在生活中会遇到很多情况，要想顺利应对，就需要我们表

现得友好而自信。比如，分手、辞职、与人艰难地协商，或是原本答应的事现在想改主意，或是简简单单给别人反馈。无论是哪种情况，都是你表达真实想法的机会，需要你满怀自信正确地表达，实现你的意愿与目标。

对此，我的第一条建议是，在应付各种情形时，别人第一次从你嘴里听到的话，不是你第一次毫无准备地讲出。也就是说，在告诉别人你的真实想法之前，你已经练习过很多次，等时机到来时你便可以自信地说出来。在电梯里、火车上、刷牙时——任何你方便练习的时间，确保对要讲的话足够熟悉，这样在真正面对他人讲出时才不会磕磕绊绊。

大多时候我们无法控制事情的结果，但如果谈话能正确有效地表达我们的思想，我们就可以对事情的发展产生积极的影响。当然，我们不会有太多时间提前准备，但是练习得越多，应用得越多，当突发情况发生时，我们的临场表现会越好。

行动小贴士

如果你需要进行一次有难度的谈话，请事先把你要沟通的重点写下来，写好开场白与结束语。找时间进行练习，这样就可以更顺利流畅地表达出你想说的内容，最关键的是，这个过程可以增强你的自信心。

(b) 自我鼓励，做自己的啦啦队

你收到同事发来的一封感谢邮件，或是你的朋友看到你付出努

力并取得出色的成绩，与你胜利击掌，你都会感到振奋。当在意的朋友给我们鼓励，拍拍肩膀安慰我们时，我们就能摆脱忧郁的心情振作起来。

事实上，工作中开重大会议前没人会给你发信息为你打气；结束一段折磨人的感情时，不会有人捧一束花祝贺你终于脱离苦海；你说要去健身房做运动时，不会有人给你发一句"加油"。

在大多时候，我们都在独自前行，所以我们需要主动为自己打气，做自己的啦啦队给自己加油。虽然我们平日做的大多是些无足轻重的小事，也不是什么重大的决定，但事实上，正是这些无足轻重的小事和决定使我们朝着自己的目标前进，所以它们具有重要的意义，值得肯定和赞赏。所以，尽可能多给自己一些积极正面的鼓励吧！

当我信心低落、感情脆弱的时候，我一边拍打自己的胸口，一边亲切温柔地告诉自己："你是安全的，有那么多人爱你，你一直都做得很棒。对自己要温柔点，亲爱的，不要太严厉。"这立刻就能安慰到我，从那一刻起，我可以整理思绪，以积极的态度度过那一天。

在不同状态下，对自己说不同的话。自信满满的时候，我的自我鼓励很简单："没回那些烦人的电邮，你做得太棒啦——你进步啦，继续保持，你还可以更好。"这些小小的自我肯定与鼓励的精神喊话，让我不仅知道自己在进步，也让我感觉到进步的喜悦；每个微小的自我肯定，都说明我们可以相信自己以及做出的决定，这反过来又会增强自信。

行动小贴士

有意识地将你脑中贬低自己、批评自己的声音转换为夸奖
自己，为自己加油打气的话语。把早上叫你起床的闹钟设
置成一句积极激励你的句子，比如，"美女，起床啦！你
做得很棒！"

(c) 被打断时，继续讲下去

有一种情况最能打击自信心，就是我们以为自己说的没有人注
意，或不值得被倾听。这种情况在个人生活或是工作上都时有发生：
当别人一直滔滔不绝地讲话，甚至有些咄咄逼人的时候，我们插不
上嘴没法讲出自己的想法，或是讲出的话被无礼地忽视，这时我们
的自信心就会大大受挫。特别是当我们遇到那种自大、霸道的人，
他们总爱插嘴打断别人，或是讲话声音非常大来吸引注意，这时我
们容易选择放弃交谈，安静地坐着，停止发表我们的观点和想法。

这是你需要展现自信的时候，当然不是以强硬的方式。你不需
要假装傲慢，或是假装善意，阿谀奉承。下次，当有人想打断你，
你只管继续讲下去；如果这个人讲话盛气凌人、咄咄逼人，你也只
管讲下去。开始的几秒可能真的有些不自在，但这种情况下也是正
常的。只要你坚持度过几秒，接下来的沟通无论是从即时效果还是
从长远来看，一定会有所收获。

不要担心你是否没有礼貌，反而是打断别人讲话的人应该检讨
自己的行为。那些自大、霸道的人之所以这样目中无人，就是因为

他们一直被纵容。他们并不知道人与人之间存在边界，也不知道打断别人讲话不仅没用而且无礼。你要做的就是让他们明白这一点，告诉他们：请等着，轮到你说的时候再说。这样可以更好地展现你对他们的礼貌，而不是让他们打断你，所以不必为捍卫你说话的权利而抱歉，坚定你的立场，继续讲下去。

行动小贴士

下次与别人谈话的时候，就算别人打断你，你也要继续讲下去，直到把自己的观点表述清楚。注意保持正常得体的说话方式。你天生就很有力量！

(d) 保护好自己的隐私

当我们谈到秘密时，似乎总觉得这是个负面的词汇，但我们每个人都有自己的秘密，关于我们的梦想、隐私，它像个神圣的容器，保护着我们，装载着我们的梦想，直到有一天生根发芽，破土而出。

要想治愈比较心理，我们需要确保自己拥有充足的个人空间和充足的时间，在没有干扰的环境中做出决定与行动，这是最基本的要求。很多次我的自信心被打击，都是因为一个朋友问我不想说的私事，并强行发表自己的看法，虽然他本意是好的，但他不知道讲别人的隐私会让人不舒服。

如果某件事对你很重要，那它一定是珍贵、独特而有价值的存在。不要让它成为别人茶余饭后的八卦，那只是别人的娱乐，没多久就被抛到脑后。而别人试图对你做出评价，帮你指点，无疑会给你造成伤害。

不管你是正计划离职，还是正在追求一位心仪的对象，或是考虑养宠物，向某人求婚，卖掉所有家当去环游世界，或是准备怀孕，建一个池塘，策划社区工程……无论那件事是什么，只要你认为这对你很重要，就别声张。

你经营园艺生意的叔父是一个很好的人，但对于你想写的美食博客，他肯定不是这方面的权威。你的伴侣也许是一位有天赋的语言学家，无论他多么热心，也无法对你即将启动的投资计划给出有用的建议。

我并不是说要将那些关心你的人拒之千里之外，自己关起门来独自行事，我只是说，无论从何处、从谁那里获取建议和指导，你都要认真斟酌考虑，因为如果是向错误的人，在错误的地方透露你的私事，很可能会消耗你的自信心。

我还记得精神导师，作家韦恩·戴尔博士过世前，在苏格兰格拉斯哥举行的现场演说中，曾充满激情地说："为你认为重要的事在心中搭建一座庙宇，并守护这座庙宇。"多少年来这句话一直深深地印在我心上。将你的事讲给"错误"的人听，可能会对你的自信心造成毁灭性的打击，你可能需要几个月才能恢复想做那件事的自信，而那件事原本只处于萌芽阶段，要想使其取得进一步发展并实现它，我们就需要保护它。为了保护我们重要的想法与努力，我们不能讲太多。意识到这是自己重要的事，婉言谢绝谈论，做好你该做的就可以。

比如，有人问你创业的状况，你可以这样说："进展得还不错——我们正在克服一些困难。谢谢你的关心。你今年放假出去玩吗？"

　　或者如果有人想八卦你的感情，询问你与伴侣的关系，你就这样回答："我们现在很好啊，没什么特别的事情。我听说你最近搬家了？"

　　你不需要刻意完全闭口不谈，或者特别郑重其事——只要尽量使谈话轻松，继续聊别的；尽量避免陷入一种采访式的你问我答的状态。这样既保护了自己的隐私以及重要的事，不会使你的努力白费，也保护了你的自信心。

行动小贴士

　　准备一些别人询问你隐私时用来应对的客套话，从而避免过多讨论自己还在酝酿中的想法或事情。

---

2. 处事方式中体现出自信

(a) 计划—准备—执行

　　没什么比不周全的计划更能打击你的自信心。我们习惯了四处奔波、劳心费神地同时进行几项工作，无法优先分配更多的时间和精力做重要的事情，以致对自己要实现的目标感觉力不从心。

　　我们都见过这样的人，他们仿佛永远处变不惊，在困难面前泰然自若；对于任何挑战和机会好像无须准备就能轻松应对。而其他人则需要多一点时间和空间，才能发挥潜能，做出优秀的表现——他们似乎视强大天赋与能力为平常，这太不公平啦！

　　我有一个来访者，她想在工作中表现优越，但她对在大家面前做工作报告和开小组会议很害羞，因为她觉得自己没什么重要的东西值得分享，这种被动的心态已经影响到同事，以及领导对她工作积极性的评价。领导希望她可以继续好好工作，期待看到她工作中更强势有领导力的一面，这样才能放心给她升职——她需要直面她的心理障碍。

　　她意识到，如果按自己的工作方式完全可以驾轻就熟，不需赶任务，每次都留有时间做准备，记笔记；但按照公司的工作模式，她好像永远在赶时间，从一个会议到另一个会议，忙碌不停，结果越来越觉得自己是在瞎忙。

　　之后，她给自己制定了一个行动计划，一定要在执行每项工作前做好充足的准备；记下自己的观察与想法，并随时与人分享讨论。此后，做工作报告和开小组会都不会令她苦恼了。她清楚会议的目的，以及谁会参加——所以她可以预期整个会议流程，制定计划，明确要在会议上说什么，然后积极地参与讨论，从而让她的工作价值得到关注和认可。她提前做计划，认真准备，然后自信地按计划执行，她的领导很满意，她也更有自信。

行动小贴士

　　查查自己的日程，有什么会议要开，有什么谈话的场合要参加，这是你积极与人交流、证明自己价值的机会。提前抽出时间做好准备，这样到了真正需要你发表意见的时候，就不会因为毫无准备而惊慌失措，结结巴巴了。

(b) 不要灾难化地预设未来

你是不是每次担心将要发生的事时，大脑中忍不住导演出一部灾难片？的确，我们太容易脑补一些夸张的情节来推测将来可能发生的事情，并且过度猜测可能面临的各种结局（往往是负面的）。毫无疑问，这些不确定性的担忧和负面的猜测，只会让自己日渐焦虑，消耗我们的精力与自信。这种状态在比较心理的影响下更为严重，特别是当你看到别人似乎一切顺利时，认为别人永远不会遇到你即将遇到的情况。

我们必须对此提高警惕，停止毫无根据的猜测与恐慌，最好的办法是让自己百分百地专注于此时此刻你在做的事情，让自己根本没时间担忧。对你拥有的一切心存感激，无论是你面前的食物、你的枕边人、依偎在脚边的狗，还是你此刻跳动的心、你的呼吸。担忧并不会改变将要发生的事，只会让你分心，错失现在可以抓住的机会。也就是说，你一边忧虑将来，一边在失去这一刻自己原本拥有的、改变将来的方法与机会。

行动小贴士

下次如果你在脑中预演可能要发生的坏事，立即转移注意力，想三件你此刻要感谢的事，让你自己百分百专注于当下。

(c) 放弃不重要的事，留出精力给真正想做的事

如果有件事我一直拖延不去做，我知道一定有原因。在这时，我会问问自己，这件事对我而言重要吗？做不做有关系吗？我真

的想做吗？它真的关系到我自身的成长吗？我会按以下问题进行记录：

- 这对我仍重要吗？

- 为什么？

- 继续进行这件事对我的好处是什么？

- 下一步我要做什么？

通过以上的小练习，我会重燃热情与斗志，提醒自己想要达成的目标，又有了行动的动力。这也适用于那些你已经拖延很久，几乎被你遗忘的事情，给自己提个醒，让自己重新审视这件事的重要性。如果经过检视，发现这件事确实与你的目标不符，那么就忘掉它，以免因长时间拖延导致事情没有完成而感到羞愧或自责。

放弃一些不重要的事情，反而会增强我们的自信，因为这让我们更专注于自己真正想要做的事情上，我们往往也能做得更好、更投入。如果思考这件事的重要性反而令你有点郁闷，或者你暂时不想去想，那就先搁置这个问题。做你此时此刻认为最重要、最愿意去做的事。

通过这个过程，我对自己有了更清醒的认识，知道自己此刻是在做自己想做的事情，整个人也变得更有干劲；不想再与别人比较，使自己心绪不宁，因为我感觉人生的主导权完全掌握在自己手中。

·· 行动小贴士 ··

把近期占据你时间与精力的事列举出来，看看哪些与你真正想做的事不相符，划掉它。

(d) 保持平常心，不过分执着

尽量别对自己说："如果……我才能拥有那样好东西。"这是一个需要不断练习的课题，如果你能够做到，那么你的内心会感到安宁、轻松、自信。

保持平常心，你就不会过于期待、在意或依赖某件事情的结果。这对于一个人的自信心是至关重要的，因为这样你才不会患得患失。当面对压力时，你仍能镇定自若，勇敢地迎接并应对人生中无数挑战；当事情进展顺利，你可以更享受当下的快乐。保持平常心并不是漠不关心，两者有很大不同，漠不关心是你不感兴趣，故意疏远，而这里所说的平常心是：

● 不把开心与幸福建立在与你自身无关的事物上。

● 不做超出你能力范围内、不切实际的幻想。

你很看重某样东西、某个目标、某个人或某个结果，你觉得如果不能拥有这些，你就是不完整的。你会缺乏安全感，认为自己很失败。这种心态与比较心理密切相关，因为与人比较引起的焦虑、羡慕、嫉妒、失落的情绪，恰恰说明你很在意某些东西。事实上，我们不可能总是如愿以偿得到自己想要的。如果你觉得只有实现所有目标才会快乐，那么我们就会变得很难快乐，并且总是感觉自己弱小无助。

通过练习平常心，我们重获力量和幸福。我们内心变得平和而安宁，我们有信心，无论今后发生什么，我们都能应对，只要我们忠于自己，保持平常心。

过分执着的心态随处可见。比如：

- 只要我拿到那份工作邀请，我就能像那个人一样成功。

- 只要他还想再跟我约会，我就能获得幸福。

- 只要我们去度假，一切问题都能迎刃而解。

过于盲目近乎偏执的疯狂励志口号，其实并没有什么太大作用。比如，"永不放弃梦想！""当机立断，不畏艰难！""拿下目标！""努力，努力，再努力！"等等。

如果我们相信口号，我们往往受限于这些口号。不是非等撞了南墙才回头，在我们生命中，永远都有其他更好的方式帮助我们实现心中的梦想。每一次为实现目标，你做出的战略调整与改变，都证明了这一点。所以，再回到上面的例子，让我们带着平常心，看看你会不会立刻感到放松，并获得新的启发：

- 我觉得自己已经为那份工作做好充分的准备，但如果面试没有成功，我也会再找别的机会。

- 我感觉自己很喜欢他，但是如果他不再约我也没关系，我还会遇到其他喜欢的人。

- 通过度假我们得以放松，缓和最近的紧张状态，但如果不能去度假也没事，我会尽力经营我们的关系，让彼此更好地相守陪伴。

我们的生活和经历不是一蹴而就完成的。无论你多么确信某件事的理想结果，你都应该花点时间，想一想除此之外，所有其他的可能性，并做好相应的准备！

------------------------------- **行动小贴士** -------------------------------

回想自己说过的话，做过的决定与行为，看看有哪些是你因为太过武断，或认为理应如此造成的。因为这样的态度可能会让你白白努力，忽略其他可能达成目标的途径和方法。你将如何改变你的心态？

3. 行动中体现出自信

(a) 遇事不要大呼小叫，淡定一点

事先声明，我并没有说在任何情况下都要保持冷静温和的态度。在适当的时候合理表达我们的愤怒，是改变这个世界所必需的。让你保持和善不是允许你无视不良的行为，不主动揭发不道德的事情，或只是口头轻声劝告那些在公众场合大声喧哗的人。该愤怒的时候

愤怒，与经常大呼小叫是两回事，我们都知道其中的区别。

与人沟通做到言辞有力，对提升自信有着神奇的作用，特别是我们讲话的方式，与讲什么同样重要。任何情形下的谈话或沟通都会受到其表达方式的影响，包括你的精力是否充沛、你的语气是否合适、你的意图是否合理，所以你要确保自己做好充分的准备。准备的效果如何，直接反映在你沟通的结果上。所以，不要让自己事后再懊恼！

如果你不管遇到什么事都如临大敌，悲观不已或消极应对，那么可以预见最终的结果也不会理想。然而，如果你能保持沉着冷静、谨慎自信，那么你距离目标已经成功了一半。

当遇到事情，如果我们可以保持镇定，避免恐慌，我们的自信心就可以慢慢增强，这可以帮助我们充分展现自我，使我们更全面、妥善、成熟地处理事情。如果被某人惹恼，对他人失望，我们也不会给别人发一大段的文字，情绪化地去指责对方。我们通常会等自己冷静下来，重新掌控自己的情绪后，再做出回应。

如果做错了事，该道歉就道歉，并用行动证明你是真的做出了改变。一句"对不起"如果后面紧接着"但是"，那这句道歉没有任何意义。现实生活中没有那么多"但是"，坦率一点，要么承认错误道歉，要么不承认错误不道歉。

买了件不合身或不喜欢的衣服，不需要长篇大论地说明它哪里不合适，直接要求退货就可以。柜台收款处的收银员只想赶快结完账，吃午餐休息，所以把你那些牢骚留在肚子里吧！不耐烦地吹胡子瞪眼，冷嘲热讽，愤愤不平，对于和他人交流没有任何好处，不会让你感到安慰，只会让你变得越来越没底气，最后以不必要的懊悔和歉意结束。

行动小贴士

诚实地问自己，在什么事情上自己的反应有些夸张，过分焦虑，神经兮兮，好像是什么大事，但其实冷静下来想想，是可以通过平和的方式解决。接下来，在日后的行动中，你将怎样改变自己的处事心态呢？

(b) 坚持写积极日记，证明你可以

对于我们犯的错误或缺点，大脑总是记得一清二楚；负面想法占据了我们的大脑，以至于忽视了每天发生的积极的事情，包括我们所取得的进步。

你可以在每天晚上睡觉前，写下今天发生了哪些美好的事情，看看今天哪些经历让你获得了成长、改变与进步。这样你每天都能保持活力，朝着清晰的目标继续努力。

要记录的事可能很多：

- 我今天虽然会议迟到，但是有人甚至比我更晚到，所以看起来我还算准时，哈哈！

- 收到喜欢的品牌公司给我的回复——他们对我的想法很感兴趣！

● 我在社交媒体上发的帖子获得一致好评——放心了！

● 我的朋友喜欢我在留言板上给他们提的建议。我们提前
完成计划——我们太棒啦！

……

可能一些好事的发生源于你的努力，而另一些则是因为运气，没有关系，把这些都记录在小本子上。如果某天你感觉过得不开心，信心跌到谷底，就翻看你的笔记，提醒自己生活一片光明，美好的未来在等着你。

行动小贴士

买个新笔记本，拿支笔放在你的床头。每天晚上睡前记录下你今天发生的积极的事情，过几周后再翻看你的记录，你将对生活更有信心。

(c) 把大目标分解为更容易实现的小目标

如果你被大量的工作淹没而不知所措，你的自信心不可能提升。聚焦你的最终目标，把大目标分解成几个小目标，这样可以让你在每个阶段都能清晰地判断当前的处境，利用你的资源，明确地采取行动。

比如，如果你的目标是 8 月份离职，想象那时候离职的场景，然后以此倒推——也就是在完成那个结果前，要采取什么步骤。

这些步骤可能包括修改与更新你目前的求职简历；联系你想去的公司负责人；之后可能需要做的就是发邮件、打电话等等。

每完成一个任务再继续下一个目标，这样你可以循序渐进地实现一个个小目标，同时不会因目标过于遥远而倍感压力，甚至放弃。我们经常低估自己在几年内能完成的事，反而高估在一年里我们能做的事情，所以我们要合理计划完成每个小目标所需的时间。最好在这个时间内你可以完成，尽管需要克服一些困难，调整一下进度；如果目标定太高，时间太紧张，最后会认为事情根本做不完而放弃努力。

行动小贴士

回顾自己在第三章做出的人生计划与目标，怎样把它们分解成阶段性的小目标，越小越好。

(d) 相信自己，马上去做

有多少次你放弃自己的想法或是没有付诸行动，只因为你觉得自己做不成？是我们自己放弃自己，不赞成自己的想法，并且否定自己的价值。

这种不自信可以表现在很多方面，比如不敢申请一份工作，因为你觉得申请不到（这是谁说的）；不敢在博客写文章，因为你觉得你写得不够好（有什么证据）；放弃你热爱的音乐，因为你觉得现在做不出什么成绩，以后也不会成功（如果你现在放弃，就真的不会成功）。

给自己一点小小的鼓励，激励自己向前迈出哪怕很小的一步，你将会对未来充满信心。你要做的，只是把你头脑中的想法化为行动，从现在就开始行动！相信实现目标的可能性，哪怕只是小目标也可以！

行动小贴士

当你脑海里出现"我不行，我做不到"的时候，再问问自己"如果……就可以呢？"现在就去做你一直顾虑重重，总是否定自己的事。去写博客，给某个人发信息请教，申请某个职位等等——现在就行动起来！

要点总结

在这一章，我分享了很多增强自信心的方法。也许不是所有都适合你，但我希望至少你已经开始尝试。

所以，请花时间在你正尝试的方法上努力，并完成以下的总结练习：请大致写出如何将获得自信的主要方法以及行动小贴士，运用在自己身上！

语言中体现出自信	怎样将这些建议运用到你的生活中？
提前准备下想说的话	
为自己打气	
被无礼打断时，继续讲下去	
保护你的隐私	

处事方式中体现出自信	怎样将这些建议运用到你的生活中？
计划，准备，执行	
不要灾难化地预设未来	
舍弃不重要的事	
保持平常心	

行动中体现出自信	怎样将这些建议运用到你的生活中?
淡定一点，不要焦躁	
坚持写积极日记	
大目标分解为小目标，再分解成更小的目标	
相信自己，现在就去做	

　　每天你都可以通过以上方法帮助自己增强自信，专注于自身，更好地工作和生活。

　　无论你目前如何评价自己，无论你对自己多么没信心，都请你坚持不懈地练习，提升你的自信心，这会给你的生活带来巨大的改变，并帮助你成功实现自己的目标。

　　通过找到属于你的自信，发现它的特点与规律，你会更专注于自己的人生，而非别人的人生。

　　同样，我也希望你留意自己的说话和处事、行动方式，从这三方面大大提升自信，同时由内而外保持内心强大的气场，这样才可以尽情展现自我，朝自己最向往的目标努力。

第六章

创造环境

"你的想法决定你的命运,
有什么样的想法,就有什么样的人生。"

——科米·索隆

在上一章,我们主要把精力放在自己身上,改变自身的观念和行为。接下来,我们探讨影响我们的外在环境,探索"是什么造成了现在这个样子"。我们要做的就是积蓄你内心的力量,运用你的分辨力,自己做出决定,创造适宜的环境,让我们的真实自我得以茁壮成长。

丢掉你的"成功人士必做清单",不要总是去看别人在做什么,有意识地审视与过滤别人对你的影响,发挥你的自主能力,向着最终的目标迈进。

放宽心态——"成功的机会人人都有"

与人比较,我们总觉得自己错失了很多机会。比如,星期天的早上,你正穿着睡衣看手机,看见朋友发的朋友圈,说自己实现了什么目标，而这个目标刚好也是你一直渴望，努力想要实现的——收到一家著名科技公司的录取通知书、减肥成功、结婚……

看到别人的这些消息，我们内心不是对朋友的祝贺，而是在心里暗暗较劲："噢！烦死了，他们凭什么？我呢，什么时候轮到我？为他们高兴？开玩笑！他们夺走了本来是我的机会！"

对，这种看到别人开心自己烦恼的心态，就是前面提到的"零和理论"。我们总认为，别人获得了一些东西，我们就失去了获得这些东西的机会，或者由于别人一直在进步，不断向上发展，我们可能根本没有任何机会获得自己想要的。工作、爱人、小孩、旅行等就像是限定好数量，当其他人从储备库里拿走一份，你拿到同一份幸福的可能性就更小。但是，这完全没有道理，如果这样想，我们何时才能停止比较？

从理性层面来说，别人的成功对我们是一种激励，让我们为自己的目标继续努力，因为我们从别人身上看到，努力是可以成功的！然而，一旦落入比较的陷阱，你就不可能获得这种激励。比较扭曲我们的认知，我们没有视别人的成功为可实现的证明，反而把它看成是别人打败自己的一种屈辱。因此，比较也进一步造成你和他人之间的隔阂。

给我发信息咨询这类困扰的人不在少数，所以如果你也有类似问题，你并不孤单。"我知道她为了得到那份工作有多努力，但是我也想获得那份工作……""我喜欢这个朋友，但是他轻易就能吸引女生注意，我讨厌他能……""我当然支持她做这个，但是我明明比她开始得更早，凭什么她现在能有这么多粉丝而我却没有……"

我们似乎容易让自己陷入这种得不到、不够多、与他人对立、比较的心理状态中。我们太熟悉这种状态了，它给我们带来的痛苦有点像温水煮青蛙，我们沉浸在其中，不愿抽离出来，最终令我们失去最初的梦想。

这就是为什么我们要改变自己的思维模式，调整自己看待事情的角度，营造一个有利的环境，从而实现我们的目标。一切都从我们头脑中的想法开始。

培养自己的积极思维

当别人获得成功或某项成就，我们可以调整心态，去感受成功带来的可能性与充实感。就像你搜索电台节目，听到不同频道的DJ（唱片骑师）播放各种音乐，你也可以在大脑中换个频道，换一种音乐，改变思想产生的背景旋律。下次当你嫉妒别人的时候，不妨在大脑里转动按钮，调到自我专注与自我鼓励的电台，播放积极的音乐。不要小看想法和信念的重要性，因为想法在很大程度上影响着我们的行为。

我经常与来访者分享《两只狼》的故事，关于人的积极思维与消极思维的对抗与平衡的故事。每当我头脑中自我批评的声音超出我的承受能力，我就会想起这个故事。这个寓言大致是这样的：

一位老爷爷与孙子围炉夜话，爷爷谈起他的人生感受，在他的心中一直存在两种力量，就像两只狼一样相互较劲。一只狼代表他身上消极、邪恶的一面，比如愤怒、嫉妒、悲伤、懊悔、贪婪、高傲，等等；另一只狼代表他身上积极、美好的一面，比如快乐、和平、爱、希望、怜悯、友善。爷爷说，每个人内心都有这两种力量的两只狼在相互斗争。孙子问，"哪一只会赢呢？"爷爷回答说，"你把哪一只养大，哪一只就会赢。"

你想把哪一只狼养大

比较心理属于人消极的一面，为了消除这一心理，我们必须要培养积极、善良的一面，做到这一点的关键就是觉察自己的思维模式。我们可以通过转换看待事情的角度，来改变消极负面的思维。你可以这样做：

- 要开网店这个事情你已经说过很多次，却还没有行动，而你朋友的网店已经开张了——这时候你会想，是时候采取行动注册网店账号啦！

- 你的表姐完成了她的健身计划——你会想，你也该为自己的健身目标努力啦！

- 你听到关于谁结婚了，谁又生孩子了的事情——你会想，是时候卸载交友软件，去寻找现实生活中的有缘人啦！

- 你的前同事辞职环游世界去了——你把尘封的护照找出来，坐下来为自己制定个存钱计划！

你是不是也可以这样鼓励自己，培养自身积极、美好的一面，让消极的比较情绪无处生长呢？

如何制约思想中的"恶狼"是我终身学习的课题，我也会保持开放探索的心态去寻找培养自己善良积极一面的方法，让比较心理没有机会出现。下面的疗愈方法，是我从柯瑞尼·沃思丽那里学到的，当她分享这个方法时，我立即收藏起这份珍贵的礼物。

柯瑞尼告诉我，为了让你能够更专注于自己的梦想，当你看到别人呈现的某种生活，你的比较心理被触发，产生"为什么不是我"的疑问时，你可以肯定地告诉自己：

"你很棒，为你高兴！我也不赖！"

让我们看看，说出这句话的你并没有对那个人产生比较嫉妒之心，也没有看轻自己，在祝贺他的同时你也在鼓励自己；通过这句话，你让大脑中积极的想法代替了消极的判断。

当你这样肯定地告诉自己，你就可以重置思想，回到属于自己的轨道，而不是陷入负面思维的深渊。

行动小贴士

当别人得到自己想要的，无论你觉得他是否值得，但这不意味着你失败。虽然有人反对我这么说，但是别人的成功其实与你无关。你只是知道了这些信息，它们可以是帮你肯定自己梦想的燃料，也可以是摧毁与焚烧你内心力量的导火索，所以你要在两者间做出明智的选择。

回想近期令你产生比较心理的事情。诚实地问自己，这些事情
在什么时候，如何触发了你的比较心理，写出你受到的影响。

当你知道，你可以把因比较而产生的嫉妒转变为对自己的正面
激励时，你是什么感觉？

　　希望以上小练习给你带来帮助，当我们因为别人取得的成就而
怀疑自己的人生节奏时，可以试试以上的练习。

不要因为别人的成功扰乱自己的脚步

我们每个人随时都在关注自己和他人是领先于他人，还是落后，或者我们是否正朝着某个里程碑迈进。有时候，这可以激励你迈出前进的步伐。在我自己的实际生活中，我经常参照别人的进度来评估自己现阶段的表现，比如，"好，萨拉28岁升到了那个职位，我也要在多少岁之前有所成就""我爸妈是在26岁相遇的，所以我也要在多少岁之前和未来的伴侣相遇""阿布道尔在38岁买了房子，我也要在多少岁之前买房""那个博主在三年之内已经有了5万多粉丝，我也要在某段时间内拥有这么多粉丝"。

我们非常在意达到某个目标的时间点，完成某项计划的时间。当你一直想着必须要在什么时间段实现某个目标，突然另一个人夺走了你一直追求视若珍宝的某样东西，还有什么比这更令人恼怒的吗？你的人生进度被打乱了，你苦心安排的计划也泡汤了。

当我看到一个比我年轻的博主，宣布他第二次被邀请去演讲——能够被这个节目邀请一直是我的愿望，布芮尼·布朗博士、小说家奇玛曼达·恩戈兹·阿迪契等杰出的人，都是这个节目让我知道的，多年来，我一直很尊敬并关注着他们的演讲；而当我看到一个在学识和阅历上都不如我的人，被邀请去演讲台，我觉得他还年轻，不配享受这种待遇。不得不承认，那一刻我感觉怒火中烧。

然而，我立即觉察到这种情绪：当我满脑子想着别人的成功事迹时，我心里有一种说不出的恼火和委屈。我当时不放过任何蛛丝马迹，一条条翻阅他以往在社交媒体上发布的所有状态，并随时跟踪他在网上的最新动态，心里想着"凭什么他能做到"。

请诚实地回想，有没有哪个人达到了你一直渴望的目标，但你觉得他的能力、经验、学识方面不如你。

我们听过太多一夜成名的传奇故事，这让我们不愿意为实现梦想努力拼搏，而是寄希望于某个天方夜谭。事实上，所有看起来一夜之间发生的成功，其实都是长期努力的结果，没有人可以轻而易举实现自己的目标，尽管你在朋友圈看到的可能不是这样。

我们永远不知道一个人成功的背后付出了多少，包括情感、体力、物质、精神等方面。你付出了多少汗水，才会有多少回报。天上掉馅饼的好事并不会发生在你我身上。无数的案例告诉我们，必须付出一定的时间、努力，坚持你的信念，才能获得属于你的成功。下面我再分享两个人的故事。

J.K. 罗琳在成名之前，只是一个身无分文的单亲妈妈，经历了各种变数与痛苦：母亲去世，背井离乡教书谋生，不幸福的异国婚姻。与丈夫离婚后，她回到英国，在生活的底层苦苦挣扎。即使处在人生谷底，她也没有放弃，她从逆境中汲取养分，鼓起勇气完成了最初在脑海中酝酿的小说初稿，最终写出风靡全球的《哈利·波特与魔法石》，后来的故事结局我们都耳熟能详了。

加拿大喜剧演员莉莉·辛格，独自与抑郁症斗争多年后，于2010年开设了一个喜剧栏目帮助其他人。迄今为止，莉莉已经有超过1400万的粉丝，她被媒体评为最成功的女性之一。她的原创视频连米歇尔·奥巴马、道恩·强森都为她点赞，她受到全世界的瞩目，也将会成为网络社交媒体上最有力量的声音之一。

你能想象，如果这些创作者因为感觉自己不如同辈而放弃努力，不再创作，他们还能获得像今天这样的成就吗？

励志成功故事

通往成功的道路应该是什么样，除了这些名人的例子，你还可以从自己身边的人获得启发，激发你内心的动力，让你更坚定自己脚下的路。请你的朋友喝杯啤酒或咖啡，问问他是如何还清所有债务，其中付出了多少辛苦的汗水。你的朋友可能几个月内粉丝暴涨三倍，请他们分享一下他们的方法与见解。你叔父的生意做得风生水起，请他讲讲背后努力创业的故事。

当然，你自己奋斗的经历肯定不一样，但是听听别人的经历或许可以给你带来启发。在你感兴趣的领域收集别人成功的事例与证据，你会意识到每个人都有自己的路要走，你也更明确自己要走的路。并且，这会让你相信，每个人有不同的历程，有各自实现梦想的时间，花费的时间和努力也各不相同，你不需要追赶别人的脚步，只需把握好自己的人生，一步一步向前走，静待梦想实现的那一天。到达成功不是一个线性过程，不是只依靠时间就能做到，而不去关注自身的成长，这大大低估了成功背后艰难旅途的价值。

人生是一场旅程，本来就不存在"提前"或"延后"的概念，你的时区就是你的时区，就像纽约和巴塞罗那有着不同的时区。当我们能够领悟这句话的意思，并将其运用在生活和工作中，我们就越能成为更好的自己，做出积极的行动，取得人生的进步。

当你为自己的人生进度烦恼，或是看到他人成功产生比较心理的时候，请思考以下几点：

· 你的时区里正在发生什么事？

· 你想在哪里放慢脚步？

· 你想在哪里加快速度?

_____

_____

· 想要让生活发生一些改变,下一步你要做什么?

_____

_____

· 你可以向谁请教相关的经验和信息,帮助实现你想要的成功?

_____

_____

你可以把以上问题的答案写在日记本或手机的备忘录,这会让你回归自己真实的状态,脱离比较心理的魔爪,让你的梦想茁壮成长。

扔掉"成功的十大标志"清单

令我忧虑的是,人们越来越将成功或某项成就作为社交媒体上个人特质的各个选项。有对象,打钩;有房,打钩;每年多次度假，打钩；有孩子，打钩；有很棒的工作，打钩；有很棒的车（并且每个月无还贷压力），打钩。如果都选择说明你是个人生赢家，毫无疑问，这样的标准过于随意和武断。

对于我们大多数人，满足以上这些条件确实意味着我们美好生活的坚实基础，使我们能与爱人有个安稳的家。

但是，选择以上这些目标，有多少人只是觉得应该而去做？有没有在追寻的路上停下来想一想，是什么让你朝着那个方向去拼搏——是你自己的意愿和规划，还是来自社会的声音？

思考你的人生，是否因为过去经历中的某种压力，所以一直以某种方式努力生活不敢松懈？

你做某件事，在多大程度上是因为你觉得应该这样做？请根据自身情况从 1—10 分打分。（1 分代表完全是因为自己想这么做；10 分代表完全是觉得应该这么做）

回想这个"应该"的声音或压力来自哪里，比如，父母、朋友、同事……

我们的很多行为、选择、决定都是我们觉得应该去做，我们被这样的声音驱使，对自己做出妥协，使我们前进的不是"我渴望""我想要""我的选择""我能行"的信念，而是"我应该"。这让我们丢失了内在的真实动机，忘了自己真正想要的，以及自主选择追求成功道路的能力，我们失去了自己，比较心理开始滋生肆虐。

比较与悔恨

这一节，我们将集中探索你与自己的关系，看看过去的经历中有什么事是令你难以释怀的。目的是减少这些经历对你现在造成的影响，做到这一点，我们需要让自己与过去和解。

> "原谅他人就是放过自己，
> 让自己长久以来被禁锢的心重获自由。"
> ——路易斯·史密德

你自己是否会想起过去某些痛苦的场景或经历？当过去成为一种负担，可能是因为：

● 如果过去那样做，结果可能就不一样（比如，"如果我没和他／她结婚就好了"或"如果我当时去旅行就好了"，等等）。

● 把自己与相似处境的人做比较，感觉好像他们更好，自己感觉自卑（"怎么同样是破产，他们看起来好像没什么事，而我每天害怕别人谈到我"）。

● 把自己同没有类似经历的人做比较，讨厌他们一直可以这么轻松自在，而自己困难重重（"我永远都不能像他们一样——他们的父母没有我的父母这么糟糕，所以他们的人生比我幸福"）。

要克服这些不愉快的比较情绪，我们必须卸下心防，放下过去经历给我们带来的束缚和禁锢，回归内心的宁静，从而获得治愈和成长，不再感到悔恨与遗憾。

我们有时不愿回想过去某段特殊的经历，再次碰触内心的脆弱与无助，因为那太沉重。但是，我想让你知道，如果你以自己的方式和节奏去探索这一点，那么你是安全的。如果随着这趟旅程继续下去，你还想要去寻求专业的互助团体或心理治疗的帮助，那么去行动，加油！

与过去和解

与过去和解有很多好处，其中包括：

● 这是善待自己的一种方式，是你给自己的一份礼物。

● 不需要与任何人发生冲突或矛盾，因为你根本不必同委屈你的那个人待在一间房间。

● 你不必苦苦等待别人的任何道歉，因为也没有别人。

● 并不是说让你停止去感觉 —— 不需要压抑或忽略你的感受，或否认之前的痛苦。

● 不是彻底忘记，也无法改写历史，而是帮你重写自己的故事。

下面的练习可以帮助你探索自己的过去，放下你的过去，令你真正、真实、完整地活在当下，做自己。

请写下过去人生中你难以释怀的经历、事情、人物、对话或感情创伤，和它们平静地待一会儿，然后放下，继续生活。

现在，让我们看一看有哪些具体的方法可以让你放下过去，在漫漫人生中继续前行。

1. 释放内心的压抑

　　当我们意识到过去某些事对我们造成的伤害，我们首先要做的，是诚实地面对自己，接受已经发生的事，这样开启自我疗愈。你可以试着把它写下来，或借由一首歌、一段诗、一件艺术作品，或者寻求治疗师的帮助，将你心中压抑已久的情绪表达出来。选择任何你觉得舒服的方式，释放那些压抑的感受；如果你觉得这么做很困难，也不要苛责自己，因为这些感受已经被你压抑多年，不是一次就可以完全消除的；但你需要将堵在心里的事充分而完整地倾诉与表达出来，这值得你去做。

行动小贴士

　　给过去那个受伤的自己写一封信，写下自那以后你有了怎样的成长与蜕变。把他当成你最好的朋友，用你的善解人意与爱，肯定与赞扬那时的自己。

---

2. 构建你的安全空间

　　当你感觉自己处在安全舒适的环境，你更能听到自己真实的声音，在生活中做出支持自己的选择，也不会和别人比较。

　　为了让自己感到安全而受保护，我们可以想象自己身在一个球形的空间中，没有人可以触碰你——像被一个金刚罩保护着。想象在你的周围有种无形的力量支撑着你，你安全地置身于其中。对我来说，每当我需要感到自己被保护，需要与世界隔离片刻时，我都想象自己在这个空间内，全身被金黄色温暖的光所包围；当然，理想的条件是，你可以找到一个安静的地方来做这个练习，虽然并不是随时都能找到，我自己有时在公车上做这个练习。现在，请闭上你的双眼，想象自己在一个金色的球体中，前后左右距离你 1 米左右的空间里，没有人可以闯入；深呼吸，让自己的身体充满给予你生命的氧气，让自己沉浸在平静的感觉中，渐渐恢复积极的情绪。

　　这个冥想训练将会给你带来身心改变，接下来我们会继续介绍其他方法让你在当下感到安全。

行动小贴士

在手机上定个闹钟或在日程软件上设置提醒，提醒你每天早上做一次上述的安全空间冥想练习。和一个难以相处的人见面前，也请多做几次，比如要见你的前男友、专制的老板等等。我走到哪里都不会忘记带着这个专属我个人的"安全空间"。

---

3. 放下过去，拥抱现在

　　我们一直抱着过去不放，不堪重负的原因可能是，我们现在的生活与过去想要的不一样，或者如果再给我们一次机会，可能会选择与现在完全不同的路。

　　确认你现在生活的价值观，或者什么对你来说是最重要的，可以使你更明白为什么我们纠结于过去做过的事或没有做的事。

行动小贴士

回顾第三章你列出的价值观，请把相关回答放在经常可以
看到的地方。每天早上起床和晚上睡前看一看，这样你可
以时刻提醒自己当下最重要的是什么。

---

4. 不要急于求成，给自己点时间

反思过去可以使我们获得清醒的认知，如果你能从过去经历中
学到一些东西，那些日子就没有白过，你可以避免再犯同样的错误。

就像学游泳，你刚开始难免把水溅得到处都是，不小心喝到泳
池里的水，直到你慢慢找到感觉，自信地划出第一步，蹬出第一
腿，向前游出去——这确实需要时间。如果你还不会游泳，在学之
前请记住，刚开始在水里扑腾的阶段也是你学习过程中不可或缺的
经历。

同样，当你向新的生活方式过渡，或建立新的思维习惯时，新
的习惯与方式也需要时间适应。所以，当你决定吸取过去的经验，
活出崭新的自己时，你也要给自己留出喘息的机会。

行动小贴士

如果关于过去的想法总是折磨着你，请尝试用这句话肯定
地告诉自己："每一天，我都在以各种方式让自己尽可能
地成长。"

以上的方法可以让你坚定专注地做自己，让你意识到思想的转变，以及建立有益于真实自我茁壮成长的环境。通过这些训练，我们能更深刻地意识到，无论生命中经历了怎样的波折，也正因为这些坎坷，我们才可以活出真实的自己。

说到真实的自己，接下来我们就要揭开人们的"伪装"面具——让我们看看人们如何有意或无意地模仿别人，偏离真实的自己。

停止对别人致敬式的模仿

从很小的时候开始，模仿别人是心智发育过程中一个重大飞跃。

小时候，我们模仿家人说话的声音；坐在超市的购物车上，别人冲我们挥手，我们也挥挥手；穿上哥哥的大鞋子模仿他走路并尽量避免摔倒；在儿童晚会上模仿班里同学的舞步等等，这些自然而然的模仿，让我们了解这个世界是怎么运作的，更重要的是，让我们更了解自己。通过模仿，我们发展出一套做事的方式和行为习惯，完全是我们自己独有的。

当我们长大以后，需要警惕这种模仿能力的影响。起初是别人的激励，我们以别人为模板，模仿别人的行为、性格特质、风格、一举一动。因为我们觉得必须使自己更像别人，这样才可以被别人接受，获得成功。我把这叫作"致敬式模仿"。在音乐圈有一种翻唱或模仿乐队，他们翻唱某位著名歌手的歌，模仿其穿衣打扮的风格和动作手势，通常也会起个古怪的名字。

也就是说，如果你的生日会请不到埃尔顿·约翰，那你可以请到一个看着像"埃尔顿"的乐队。我记得我看过一个模仿 ABBA（译者注：瑞典流行乐队组合）的乐队，让我再一次见到了"比约恩"（译者注：ABBA 成员之一，此处指山寨版的比约恩），还有致敬辣妹组合的那个乐队也很棒。这种模仿的本质，就是在装束上照搬别人的样子。

当我们陷入模仿别人的怪圈，倾向于借用和照搬别人的表现，因为我们的比较心里在说"像他们一样"，我们试图把别人的样子、别人的行为风格完全套用在自己身上。而不是问自己，"我自己可以采取什么方式达到类似的目标，并保持自己原有的风格？"

举例来说，一些来访者意识到自己对别人的模仿有：

● 和模仿对象去同样的场所购物——尽管去那些昂贵的商场购物会带来经济压力——但她就是要模仿别人的穿衣风格，没有按照自身的条件穿出自己的风格。

● 和模仿对象听一样的音乐，因为他们觉得这样可以像别人一样"酷"，而不是按照自己的喜好听音乐。

● 去报一个在很远的地方上课的培训课程，因为模仿对象也在那上了培训班，所以她认为这是她自己达到目标的唯一途径（其实并非如此）。

你当然可以去模仿别人，学着他们的样子，但是你永远不能成为别人。就好像模仿乐队和被模仿的乐队，前者永远不可能成为后者。山寨的事物永不可能是正品。为什么我们要去模仿照搬别人呢？为什么我们不能表达自己的声音，做自己呢？

这就是为什么我们要去倾听，考虑各种建议、提醒和方法，帮助我们活出自己真实的样子，追求真正想要的东西。当然，我们容易受到各种成功人士的鼓舞，以此激励自己不断努力，但不要用自己的脚走别人的路。

----------- **行动小贴士** -----------

不要盲目照搬别人的样子，而是看到别人成功的背后经历了什么，避免自我卷入，保持客观的立场，问问自己，"他的经历有什么值得我借鉴并运用的？别人的经验如何帮我成为更真实的自己，追求自己的梦想？"

如何从别人那里得到灵感与激励，而不效仿别人

有些人给我们极大的鼓舞与启发，让我们看到实现梦想的可能性，我们可以向他们学习经验，但不是完全照搬。前提是我们必须完成第一章和第三章介绍的"寻找自我觉察的水晶球"练习，并且努力收集各种帮助我们实现目标和梦想的信息，对各种意见保持开放的态度。以下是一个研究性的练习，请快速、有效地完成任务。

把你获得的灵感转换成知识，需要用到神经语言学范畴内的编程技术——建模。而我的做法是从收集到的资料中建立自己行动的模板，包括以下内容：

● 收集你欣赏人物的相关访谈、报道、博客、人物纪录片
和传记片，记下他们采取的关键步骤或关键转折。你可
以列出他们人生大事记的时间线，详细记录并分析他们
为梦想跨出的第一步，他获得了什么支持，犯过什么错，
他们的日常规划以及他们怎样磨炼、提高自己等等。这
并不意味着你要遵循他们的时间安排，但这为你提供了
一个可预期的未来。

● 找到现实中能激励你的人，关注他们的日常，在第一时间
看到他们事业的进展与变化。然后你会发现别人都在按他
们自己的方式做事，你也可以找到自己的方法与节奏。

● 承认别人的成功，并看到他们身上具备的特质，这也有
助于你实现自己的目标。比如，如果某个人获得你一直
渴望的奖项，衷心祝贺他。如果有些人讲话幽默风趣，
他们的光芒照亮整个屋子，告诉他们，他们让你度过了
一个开心的夜晚！让自己保持这样的态度，就是之前我
们学过的："你做得很棒，我也很好！"

　　再次重申，这些方法不是让你与欣赏的对象进行比较，而是让
你后退一步以一种更客观的方式使自己意识到，其实有很多途径和
方法可以用来实现你的目标。当然，如果在此阶段你觉得完成以上
练习有点过难，没关系，等看完整本书再回来练习，那时你会感觉
简单很多。毕竟，你自己想要的成功，只有你自己知道。对每一个
人来说，我们并不是在一个充满敌意的环境中追求目标。

创造有利的环境

"当花开得不够旺盛，
你要检查的是它生长的环境，而不是花本身。"
——亚历山大·登·何杰尔

接下来，我们继续探讨创造环境的问题，我希望你可以进行深刻、有挑战性、有收获的思考。现在，你已经清晰地了解到自己追寻的人生目标，以及下一步要做什么。

尽管我们对人生拥有主导权，但我们也不能否认社会规则、人际关系以及所处的环境确实会对我们造成一定的影响。接下来，让我们对周遭的环境进行深层的检视与思考。

拿花朵来比喻，你需要为其根茎提供空间，创造富饶的土壤，搭出完美的支架以稳固根基，这样它才能茁壮生长直到开花。

任何事物的成长，其过程一定是艰难曲折的，这需要你立足于今时今日，把自己放在最重要的位置，优先考虑自己的人生目标，排除无关事情的干扰，为自己创造有利的环境，这对我们大多数人来说不是轻易能做到的。

清理关系未必意味着伤害他人

在这一节，我们会进行一些回顾与反思，这也许会让你与认识很久的人断绝关系，或让自己与他们保持距离、不再亲密；但同时，你可能也会想要认识一些新朋友。

我希望你对你的社交关系做出选择，虽然可能有些不舒服，但你做出选择不意味着是给你或其他人带来创伤、挣扎或痛苦的方式。

看起来，结束那些占据你注意力与时间的社交关系，需要你像名人发通告一样郑重其事地在个人主页上发一大段文字，表明你的心路历程，宣布你将停止对一些人的关注。实际上，并不需要这么复杂，一点都不需要。

就像某一天，我看到某人发："我刚刚删掉了大部分联系人，如果你还能看到这条信息，说明你还在我的好友列表里！"我又看到有人发："刚刚，我取关了很多人。"在现实生活中，这种快刀斩乱麻的方式也很普遍："那件事之后，我已经把他们赶出我的生活了。"

你有权利营造你想要的社交空间，你也可以悄无声息地舍弃某些无效的社交关系，这并不需要特别说明，也不需要非要让谁知道，这是你自己的事情。所以，深呼一口气，你可以自行决定是否删除某个好友，并享受放松的心情。

接下来，我们将着眼于你线上与线下的世界，确保无论你的社交圈还是家庭环境，都能令你健康成长，给你提供一个支持、友爱、合作、互助的环境。为什么？我们必须确保处在一个适宜我们开花结果的环境，也就是能使你的情感得到滋养，使你的信念得到浇灌。

远离有害的朋友

令我惊讶的一件事是，我们总是特别擅长忽视，甚至允许别人恶劣的行为，即使这种行为已经对我们造成严重的伤害。

- 哦，她不是故意让我对自己的身材感到难堪，她只是开玩笑。

- 他们之所以一直都对我的工作有意见，是因为他们在激励我进步。

- 我上学时就认识他们了，他们跟我说话一直都这么"直来直去"的。

　　然而，通过这些话的语气，你可以看出，他们对你的评价并不是在开玩笑或说话太直。真实的情况可能是，你的姐姐根本不喜欢你的样子，而想让你按照她的要求做出改变；你的伴侣不想你在事业上比他强，因为这会使他没有安全感；你的发小根本不了解你，也不是特别在乎你。我们对这些来自朋友和家人中的负面语言已经麻木，导致这些声音越来越大，甚至掩盖了我们内心真实自我的声音。

　　身边人随意介入并干预我们的生活，对我们的心理造成伤害，让我们不断自我否定，不敢去做真实的自己，这样就为比较心理创造出完美的条件。我们看着身边的人不停地往前走，自己却困在原地，我们觉得自己可以做些什么，但得不到他们的理解与支持，感觉自己好像软弱无能、毫无价值。

　　感觉很痛苦对吗？

"事实会让你解脱。但是首先它会让你痛苦。"

——格洛丽亚·斯泰纳姆

就像揭开创可贴的一瞬间你会感觉痛，所以必须快速完成：有些越是关系亲近的人越可能给你造成伤害，影响你的幸福、成长和成功。留意那些当你做成一件事，却吝啬给你鼓掌的人，虽然发现这些可能令你感到很受伤。

但是，为了对你的未来负责，请与那些能带给你温暖、尊重你、欣赏你价值的人交往；你需要去爱自己，拒绝有害的社交关系，尽量避免和他们交往，无论那些给你带来伤害的人在你生命中存在了多久。

当我们去觉察身边有害的社交关系，让我们记住，其实这并不是关于"他们"（给你带来伤害的人——坏人）和"我们"之间对立关系的问题。

相反，要释放你的能量，首先你需要尽可能地保持同情与谦卑。设身处地地站在他们的立场考虑，我们是否也曾像他们那样呢？尽管不想承认，但我们谁没有犯过错，谁没有过利用他人达到自己的目的。我们每个人都说过谎，欺骗过他人，做过惭愧的事。谁不是在犯错中一点点改变，一边反省自己的初衷，一边吸取教训，在忏悔与改过中不断前行？

给他人带来伤害的人和行为在我们身边比比皆是。我们要做的，不是指责埋怨，而是有勇气找出他们，然后远离他们。对于以下总结的有害朋友类型，并不全面，让我们先看看常见的类型：

"证明给我看"型。这种朋友让你在他们和其他事物之间做选择，以"证明"你们的关系，比如，"如果你爱我，你这个周末就要陪我而不是去见你朋友，"或者"如果你真是我的朋友，一会儿就要和我去上瑜伽课。"对于这种人，无论你怎么做，好像永远无法满足他们，不是吗？因为他们总是需要你做出更多的行为，说更多的话满足他们。

"泼冷水"型。这种朋友见不得你高兴，你告诉他们什么好消息，他们都能泼你一盆冷水。比如，"你去度假很好啊，但是你想想回来就会有堆积如山的工作等着你！"对于你的坏消息，他们倒是很乐意听到，马上跟你一起埋怨人生，和你一起丧下去。

"揭开伤口"型。他们通过言语暗示，批评你或者你的想法、行为。如果你犯了错，他们让你永远别想忘掉你的错！你可能懊悔，"我真不该发那封邮件"，这种朋友不会给你安慰与帮助，反而咄咄逼人地说，"是啊，已经来不及撤回啦，但更糟糕的是，有很多人收到并转发了你的邮件了，不是吗？最糟的时刻还没到呢！"这种人好像很喜欢揭你伤疤，并在伤口上撒盐。

"我，我，我"型。如果你和某个朋友在一起，感觉完全插不上嘴，没有说话的机会，那么他就属于这种类型。和这种人在一起你不知不觉就会变得安静，沉默寡言。因为他们一直在演独角戏，不停地讲自己的生活，对一些琐事夸张演绎，好像不需要听你的声音。他们只关心自己，和这种人在一起感觉像在一条"单行线"上。

"黑洞"型。这种朋友会掌控他们身边的一切人和事。与他们在一起，你仿佛掉进一个黑洞，只要他们在周围，你就会感觉自己好像消失了一样。他们干涉你的一切，告诉你应该穿什么衣服、去哪里、要说什么话。如果你有异议，他们就会慷慨陈词地证明他们的观点，直到你闭口不言。他们要让你看起来同他们一样，想法同他们一样，这种人最危险、最有害，特别当他们掌握权力时，比如你的老板、伴侣或父母。

当然还有很多其他类型给别人带来伤害的人，不过这里我们主要讨论亲朋好友中常见的类型。如果不幸，你的生活中同时有好几个上述类型的人，虽然我们不能一天就清理掉这些不利于我们自身发展的人，但是我们可以并且有必要远离他们，使他们不能再伤害我们。

看看有哪些人与你围桌而坐

心理学作家吉米·罗恩曾经讲过一句话："你是与你最常在一起的五个人的平均值。"

生活中大部分时间与你相处的人，能否有助于你成长？如果有六把椅子围着一张圆桌，你坐一把椅子，你觉得另外五把椅子上都坐着谁呢？与你最常在一起的家人、朋友、同事、网友……如果请你马上做出选择，你会选择谁？

请写出与你一起围桌而坐的五个人：

1.

2.

3.

4.

5.

看到你们围坐在一起的场景，你的想法是什么？是正面的还是负面的？请注意这是你独特真实的内心的指引。

知道你可能是这五个人的平均值，你感到开心、充满希望吗？也就是说，在座的人是否是你取得成功的关键人选？

此刻的你对未来是充满忧虑和担心吗？因为这些经常与你在一起的人并不能让你实现目标，获得幸福？

这五个人是经过深思熟虑还是下意识随便选择的？你是否意识到，与一些朋友在一起其实只是出于习惯，而不是基于内心真正的联结？

想一想未来的你，以及你此刻的志向，这在多大程度上与围坐在这里的人是一致的？你能看到你们作为一个相互支持的群体一起进步成长吗？

他们对你和你的成长给予了多大支持？

通常，做完这个练习可能令你感觉有些小沮丧——因为你会知道，你的家人、亲戚、朋友在我们成长的过程中不能完全满足我们的需要。而一旦找出我们所处环境的问题，就可以有针对性地采取一些行动。

建立你的圈子，为自己的成长创造有利环境

坐在你身边的人并不是无缘无故、偶然出现在那里的，也不是因为他认识你的时间长，或者他很受欢迎。

对于家人同样如此，尽管你们有血缘关系，但并不意味着他们应该坐在那里。你仍然可以很爱他们，经常看到他们，但是针对这次练习中设想的场景，你不必把他们请到圆桌。因为考虑到家人对我们的影响，虽然很多时候他们是好意，但仍可能给我们带来伤害。

与你最常接触的人会影响你的成功、兴趣、生活经历，所以他们真的很重要，需要根据这些人对你的实际影响，谨慎地选择席位。然而，通过评估一个人给你生活带来的价值、积极影响以及爱，我们可以选择和我们处在同样的人生阶段，对生活有着同样高标准的人。

确保我们处在一个身边人都不懈努力，不断追求自我进步的环境，这十分重要。选择处于一个什么样的圈子，值得你花时间慎重考虑，因为：

你的心智应得到激发，你的信仰应得到挑战。这样你才具备同理心和创造力，大脑和心灵同时得到锻炼。一个视野狭隘，只能听到自己回声的环境，不能给你带来益处，圈子中的成员至少使你意

识到，除了你自己，还有来自他人不同的声音，即便是你反对的声音，也能让你保持开放与尊重的态度。

保持情绪健康很重要。和你喜欢与尊敬的人去喝杯咖啡、散散步、一起吃饭为自己补充能量，让心情变好；与他们在一起的时候，你感觉自己被看见、被倾听，他们让你更勇敢地做自己。我们浪费了太多时间在那些令我们身心耗竭、不懂得尊重倾听的人身上，这会侵蚀我们的思想，损害我们的自尊。

看到什么样的人，才能成为什么样的人。去接触那些展现出人性中最美好特质的人，他们从不吝啬对他人的赞扬与鼓励，他们善良、工作认真负责、慷慨待人。这样的人在我们的身边，我们无须模仿，自然而然就能变成更好的自己。

分享就是关怀。朋友间相互关心与指导，对双方都有所裨益。朋友可以成为我们行为的榜样，在我们迷茫时，为我们指明前进的道路。倾听与思考他们的观点，为你的人生开启意想不到的大门。你也将用你自己的方式去回报他们。彼此欣赏与鼓励，这才是让我们感觉良好的友谊。

浪费的时间找不回来。你的时间很宝贵，应该珍惜。这并不是要你不花时间与人接触，但你必须要重视自己时间的分配与使用。浪费的时间找不回来！

那些可以与你互相支持、共同成长、为彼此开创人生可能性的人，请花时间与他们保持联系，邀请他们进入你的圈子，而不是和他们比较！

拥有你想要的生活，需要对浪费你时间的人说"不"，这样你便可以集中精力去获得自己想要的进步。也就是说，在此过程中如果需要花额外的时间在他人身上，必须是值得你这样去做的人——对你对他都是值得的。

你可以找到互惠的朋友。通过提高对身边朋友的鉴别力，你会找到接纳你、激励你、滋养你的朋友。当与他们交流的时候，你会感到精力充沛，被倾听、被理解，而不是感到耗竭、沮丧和无聊。而对方也是如此。

重新考虑坐在你圆桌旁的人：

谁应该离席？

谁应该邀请入座？

还有几个空位在等待有价值的人加入？

　　最终坐在你身边的这些人，是不是和你有着共同的价值观和人生追求呢？如果是，你做得很棒，继续让自己沐浴在积极关系的温暖中吧！

　　如果你经常相处的五个人并不能代表你热爱的事物和追求的理想，或者他们让你陷入比较的旋涡，你必须重新评估你的圈子。

你不需要现在就知道这五个人是谁

　　可能你已经找到这五个人选，也许你还没找到，不要担心，不断寻找就会找到合适的人选。

　　大约四年前，我经历了一次比较严重的信心危机，因为当时我在事业上做出了令我后悔的选择，接下来就遭遇了可预见的"爬得越高，摔得越惨"的命运。

　　那时候，在这张想象的圆桌边，周围没有人与我坐在一起，每天为我鼓劲儿，提供强有力的支持。当然家人和朋友是站在我这边的，但他们每天都有繁忙的工作不可能随时陪伴我。并且我需要的是一位拥有智慧，值得我向他学习的专业精神导师。后来，我关注了一个完全陌生的人，我把他放在与我同席而坐的五个人选中——因为从他身上，我感觉到了生命力、热情、超凡脱俗的个性，这正是当时我需要的。

　　这个人就是盖瑞·范纳恰，他的演讲视频给了我莫大的帮助，我每天都会给自己打气，他给我动力，让我收拾整理自己的心绪，并拥有前行的力量。至今我仍未见过他本人，希望有一天可以见到他，告诉他是他给了我鼓励，改变了我的想法，让我重新振作。虽然我不知道他是如何做到的，但他的话帮助我渡过了人生低潮期。我希望，当你的人生遇到挫折的时候，也可以找到与你相伴而坐的朋友，例如：

- 如果你是一个艺术家，列出一份你欣赏的艺术创作者名单，听听他们的访谈，虽然在现实中他们离你很远，但你可以想象他们与你坐在圆桌旁。

- 如果你想在事业方面取得成功，多听听成功企业家的个人采访或阅读他们的传记。

- 如果你想让自己成为一个好的伴侣，去搜索和研读该领域情感疗愈师的相关书籍，比如埃丝特 · 佩瑞尔的书——每天阅读几页，你会感觉到自己的变化。

- 在自我接纳的旅途中，你正寻找精神支持与引导——看看相关群体，或者搜索身材接纳的关键词，这会给你带来灵感，拓宽你的视野，让你去探索并喜欢上真实的自己。

即便举了这么多例子，但我们身边的朋友总是不断变化，你可能想问，"到底我应该邀请谁和我坐在一起？"我的回答是，为什么要急于做决定呢？

与其随意找人填补空位，不如对自身和所处的环境保持觉察和反思，好好享受和利用现在拥有的空间和时间。随着你的社交圈子不断变化，新的情况会出现，你对自己也会有更多新的认识。

在现实世界中，不断审视并重新定义与维护我们所选择的圈子，构建有利于我们自身发展的环境，需要时间不断调整。所以，我们脑海中产生的每个想法、每个意图和做出的每个选择，都是经过自己深思熟虑的，也都是有益的。

这就像雪球在滚动中越来越大，雪球也越滚越快；我们所做的每一点努力就会像滚雪球一样，不断积聚更大的能量与动力，最终使生活呈现出另一番样貌。你的生活也会一点点变得清晰明朗起来。

离开的朋友还有再相遇的可能

前面提到要结束那些长期对你有害、不能给你鼓励与支持的关系，并不需要通过破坏性的方式，而可以通过关爱自己，让自己变得自信的方式做到。

此刻你选择留在你圈子的人，有的也许一直在那里，成为你一生的朋友，有的也许只是因为某个共同的目标和你携手走过一小段路。

有时，你和朋友站在一个岔路口，脚下的路向各个方向延伸，你们将选择不同的路线，沿着不同的道路分道扬镳，距离会把你们分开。但是，在将来的某个时候，你和你的朋友或许会在前行途中再次相聚。

这些年来，这种情况在我身上发生过无数次。一些我认为会持久的关系已经趋于平淡，但这并不意味着这些关系以后不会再升温。这只是说明，在现阶段，我们暂时不能同时满足彼此的需要。

有些人会在你的生命中短暂停留，有些人则永远伴你左右

我在《欧普拉生命课》做嘉宾时，第一次知道伊雅娜·范赞特教授。她当时分享了她的书《信仰的法令》中的一些内容，让我快速看清人际关系流动与变化的本质。她指出，"有些人出现在我们的生活中只是一瞬间，有些人会停留一段时期，有些人则永远与你相伴"。

我们无法永远和每个认识的人保持永恒不变的关系。理解和接受这个事实可以帮助我们明确与他人之间的关系，不断调整自己的圈子，支持我们度过人生的不同阶段。

因为某个原因临时走进你生活的人。因为某个特定的需要，与你发生交集的人，他们可能是你伤心时借来的一个肩膀，教你忍让与宽容的导师，你事业关键期的商业指导，或是临时找来参加晚会的舞伴。当你们不再需要一个暂时可依靠的肩膀、心灵指导、商业建议、临时舞伴，当你们双方的需要得到满足，你们的约定完成，你们的关系就此结束，你们对彼此的意义也不再存在。

在我们人生中停留一段时间的人。与我们有更深的感情基础，相互陪伴与支持的时间更久。这些人可能是我们从小一起长大的朋友，看到彼此一点一滴的变化，见证了彼此重要的人生阶段。当这样的关系结束，我们可能感到心痛。因为在某些方面你们互相依赖，并且以为这样的关系相伴一生。但是，就像季节自然更替，若要迎来夏天，春天必会结束，这类关系总是不断流动，不断变化。我在这样的关系中付出的感情最深，关系结束时也感觉最难过，然

而如果不能继续也不必勉强。

与你相伴一生的人。他们总是陪伴在我们身边，但并不是只有在小时候认识的人才能建立这样的关系。这类人与我们感情最深厚，是我们最坚强的后盾。通常是伴侣、家人、特别重要的朋友，这些人看过我们人生的大起大落、大悲大喜，在内心深处我们似乎与他们有着某种很深的联结。这种关系基本很稳定，但如果真的无法继续，接受现实并心怀感恩是最好的方法。

慢慢淡出圈子

离开那些有害的朋友后，想想接下来的"比较自由"之旅中会遇到什么人。

尽管这样说，就像之前我说的，你不需要以极端态度来结束与别人的关系。在一段合适的关系中，双方随时可以商量沟通，分享彼此的经验和感受，表达你想要看到对方做出的改变。当这段关系已经面临崩塌，虽然给这段关系下最后通牒很少起作用，但是这会使得双方产生危机感，努力寻找某种方法度过危机，修复关系。如果最终还是失败了，不要犹豫，退出这段关系，继续前行。

也许在这个过程中你会犹豫、挣扎，不过即使你退出之前参加的一些团体，只参加必要的家庭聚会，或是在小组中保持沉默，或是让自己忙碌起来，避免再见一些人，你的离开基本上不会给他们造成多大的影响。

事实上，大部分人不会在乎你，无论我们内心多么挣扎。很少有人注意到我们为了提升自己付出了多少时间、精力和心血，也很少有人注意到我们的变化。

并且，我们这么做也不是为了别人，不是吗？我们这么做是为了给自己创造一个有利于自身成长进步，不与他人比较的环境。

人们只会看到你更自信了，更爱笑了，更放松了。

他们只会注意到你的人生在进步，埋头做自己喜欢的事情，去自己想去的地方，实现你的计划。他们还会注意到，你勇于表达你的感受、需要、真实想法，而不是沉默、游离或是压抑自己。从此，你会为自己的世界开辟更广阔的空间。

维护你的个人边界

当你决定淡出某些人的视线时，他们可能会注意你的变化询问你缘由。这是因为他们真诚地想要与你维持朋友关系，但是这也可能阻碍你创建有利于自身发展的社交环境，比如他们会问你：

- "怎么这段时间没和我们一起出来玩啊？"

- "我们是不是不配和你一起玩啦？"

- "最近都没见到你，出什么事了吗？"

在这种情况下，与他们划清界限虽然有点冷酷，但远离无效社交能让你选择适合自己的圈子，并拯救你的人生。可能这些人有强大的吸引力，要将你拉回从前的圈子，把你困在他们的小团体里；这些人渴望维持现状，害怕改变。但是你也可以拒绝他们，遵循自己真实的感受，不要害怕让他们失望，优先考虑自己的感受和需求。

维护你的个人边界就是做到这一点。划清你的社交界限，维护你的个人空间，可以帮助我们坚定自己的目标，专注于自己的人生轨道，花更多的时间投入到自己身上，而不是浪费时间去讨好别人。

我们周围随处可见各种边界。在咖啡厅里抬头就能看到门上写着"职员专用"的标志；看到机场某一区域被围起来，我们就不会再往前走了；房子外面有栅栏；停车场的车位之间也画了线。这些边界标志着环境中受保护的空间，这也是在告诉我们哪里可以进入，哪里需要止步。

同样，我们也可以为自己设置个人边界，画条线，告诉那些强势霸道、执意侵犯我们个人空间的人"禁止闯入"，这样我们就能保存自己的精力而不浪费在无关的人或事上。它是我们在社交关系中展现出的"个人空间的界限"，告诉别人当涉及时间、精力、情感、注意力时，有些事情我们接受，有些事情我们拒绝。

当面对一些消耗你个人精力的要求时，个人边界可以作为一种无声的力量保护你自己，警示别人"不能越界"。比如，你和一个朋友吃饭，他似乎总是忘带钱包，然后让你结账；你去学校接孩子的时候，某位家长一直希望你支持她的蛋糕生意；也可能是你老板在下班前五分钟，让你帮他处理一项工作，明知道这会让你无法准时下班。别人之所以随意驱使你，是因为他们无视你的个人边界，认为你随叫随到，你的时间、精力可以由他们随意支配。

　　我们周围这种不注意他人边界的人比比皆是，我们的自我防线一点点被攻破，渐渐被瓦解。最后我们放弃了自己的立场，付出我们的时间、精力，失去了真正的快乐与创造力。我们渐渐感到自己的能量被耗尽，失去对自己生活的主导权，憎恨那些随意侵犯我们边界的人。

　　大部分成年人的生活是没有边界的。从大学毕业进入工作的第一天，我就被设定为一个永远只会说"好的"的工具人。那时候确实是毫无个人边界。我永远不会对别人的要求说"不"。直到后来彻底崩溃，才使我意识到必须做出改变，而这些改变直到今天都在发挥着重要作用。

　　那么，如何判断你是不是没有个人边界呢？

　　你害怕让别人失望。当我们缺乏合理的个人边界，就容易被别人绑架，因为我们担心拒绝会让他们失望；答应他们的请求让自己难受，总好过拒绝他人时的尴尬。害怕让别人失望的情绪超过你对自己的尊重，你觉得你应该为别人的快乐负责。

　　你感觉自己好像任人摆布。如果个人边界不够清晰，别人就会认为你没有边界，可以毫无顾忌地闯入你的私人空间。你感觉自己任人摆布，别人看不到你的存在，没人在意你的感受，别人总是把自己的需求凌驾在你的需求之上。

　　你想说"不"的时候说"好的"，你有事的时候也说"没事"。因为你不想与人发生冲突，所以你选择最省事的回答；殊不知，你说出"好的"后，你所要承担的责任或要做的事会令你痛苦不堪。

你总是答应让自己压力很大的事。比如，你迫于别人的压力分期付款买下一个很贵的东西，之后省吃俭用好几个月才把钱还完；或者答应别人参加一个并不想去的聚会，其实你更愿意在自己家里度过这段时间。

你发现自己很难决定一件事，哪怕是最小的事。如果没有个人边界，我们常常没有自己的主意，人云亦云。今天晚上去哪吃饭？和谁一起？几点出发？即便是芝麻大点儿的事，你都不愿意做决定，因为你根本不清楚你到底想要什么，为什么要慎重考虑某件事。

与他人纠缠不清。如果你没有划定个人边界，我们就不知道哪些行为是被允许的，哪些是被禁止的，没有一个统一的标准。那些经常破坏他人边界的人，对你提出各种的要求，他们可以无所顾忌地侵犯你的个人空间，因为你没有明确给他们一个可以遵循的行为准则。

你总觉得自己心力交瘁，并且有点气恼。别人对你的要求，你都有求必应，努力满足，给自己留下的精力和时间少得可怜，无法再去做自己想做的事。你感觉自己从身体到心理都疲惫不堪，对那些过分要求你的人越发憎恨。

最后，我们需要告诉别人如何合理地对待我们，明确自己与他人的社交边界。

在与别人的交流中，明确表达自己的需求和感受，同时练习对别人有说"不"的能力，这对建立和维护我们个人边界至关重要。现在来做下面的练习：

1. 请诚实写出，当有人不遵守或破坏你的个人边界时，你是什么感受？如果你能维护自己的边界，负面的感受就会大大减轻。

2. 计算一下你说"不"和说"好"的次数。

· 当我们答应别人去做我们并不想做的事情，我们就是在放弃自己的权利，破坏自己的社交边界。一直以来，你是否从没拒绝过任何社交聚会邀请和加班要求？ 这样的话，你当然没有多少独处的时间了。

· 想一想在这周，有没有你本想拒绝别人，却说了"好的"？请尽可能详细地列出所有这样的经历。

这给你带来的结果是什么？

_____

_____

_____

把边界意识运用到比较心理中

　　坚守你的权利，在某些重要的事情上设置你的个人边界。现在，请回到第三章"剖析你的比较心理"。在那一节，我们列出并剖析了你人生中最爱与别人比较的某些方面，回顾并梳理了你的经历。现在，请再次回想你最希望自己改变与成长的四个领域，在下面的表格中写出如何建立个人边界来帮助自己。我提供了一些范例供你参考：

我与人比较的是	考虑到自己的需求, 我最看重的是	做到这些,我需要
我的工作	前沿与新颖的想法	在日程安排里腾出些时间,减少电话和会议
我的感情	关于我们的未来能有一些深入地沟通	计划一次不被打扰的约会,增进彼此的感情

所以我承诺自己做到	备注
向自己保证，时间只花在值得的事情上，没有例外	
约会的时候不看手机，也不许再迟到	

最终，建立清晰个人边界的关键是，在向目标迈进的过程中，你需要的是什么。知道你的需求，就可以去建设和管理你的社交环境，从而实现你想要的目标，更真实、完整地做自己。

专注于最重要的事

最强有力、稳固的个人边界，来自于自身坚定的信念。你必须知道对你来说什么是最重要的，你做出某个决定的真正原因是什么。知道了这些，你就可以专注于重要的事，并找到与你相似的人相互鼓励与支持。

比如，你不想去拉斯维加斯参加朋友的婚前单身派对，并不是因为你付不起旅费。真正的原因是你一心一意要做到的一件事——你已经决定存钱还房子的贷款，能否还清房款对你的人生至关重要，是你人生中非常重要的目标。如果你同意朋友的邀请，你将会花掉相当于六个月房子贷款，这对你来说不值得。去了派对，花了钱，没有完成你自己的人生目标，同时又会陷入与他人比较的痛苦中。

如何礼貌地说"不"

为了专心实现目标，我们必须采取实际行动，坚定地表明我们的真实态度，但是很多人却避免这么做。因为我们担心如果拒绝别人，会让别人感觉我们无礼、自私、粗鄙、高傲。即便真的说"不"，之后的内疚感也会令我们不敢说出真实原因。但是，如果你可以真诚地拒绝他们，把原因解释清楚，最终我们也会赢得对方的理解，请参考以下例子：

当别人邀请你去一个无聊的同事聚会，你可以说："谢谢你的邀请，不过我有事要忙。需不需要向你推荐别人？"

当你的朋友想多带一个人参加你的婚礼，你可以说："我们抉择了很久才确定下邀请的人数，真的没办法再加入一位了。但是有机会的话我很乐意同你们共进晚餐。"

当你忙工作的时候，你表姐要你给她的宝宝洗澡，你可以说："你能第一个想到我真是太抬举我啦，但是我现在真的有工作无法抽出空来。要不要我帮你叫别人来？"

这些回答都有相同的特点，可以广泛应用到不同的场景中：

言简意赅。没有必要解释太多，因为并没有帮助，特别是拒绝别人的时候。如果必要的话，你可以先写下自己的回答，写完后再编辑修改，做到简单明了。

感情真挚但不要太矫情。承认你给的不是对方想要的回复，你不能满足对方的请求，讲的时候不要太夸张。

不是道歉。有什么可道歉的呢？专注于对自己最重要的那件事，这是你的权利，你并没有错。

你的回答对方能听进去，对方会再找其他办法。每一个回答直指重点，不会让人再次要求你。可能的话再给出你觉得可行的建议。

想一想最近有什么令你感觉两难的事，有没有你不想接受的邀请？如何利用以上总结出的要点来回答他们？

无论我怎样为你打气，希望你能勇敢地说出来，在完成上面这些回答后，你可能感觉这些答案直视着你。你可能会说："露茜，谢谢你的鼓励，但是这些话我可能完全说不出口！"或者说，"唉，老实讲，这让我有点紧张，我不敢这么说。"

我完全理解你的感受，在做出改变前我也是这样，每次对别人说"不"都要鼓起很大的勇气，但正因如此，我们与别人比较的心态才能逐渐被化解。就像我们锻炼肌肉，你越训练它，它就越强壮、越灵活。你要把这当作一个长期的自我训练过程，让你新的行为习惯慢慢成为你的第二本能。当你能够自然地表达自己的需求并拒绝别人时，你会意气风发，更勇敢、更自信。

毕竟，参天大树都是从小种子成长而来，你也会一点点进步。

　　这一章我们主要讲了如何构建有利于激发我们潜能、促进成长、实现目标的环境，探讨了什么因素会影响我们发挥自身的能力。关键是改变我们的思维模式，强化自己的积极思维，这样才能专注于追求自己的目标和理想，不会有"落后于人"的压力。

　　我希望通过这一章，你已经对过去释怀，放下了那些可能一直阻碍你前行的包袱，你也会对自己和他人倾注更多的同情心，同时明白自己前行的意义。

　　营造一个有利于自我发展的环境，反复尝试与调整，而改变也是一个长期的过程——但我们可以从明确自己的边界，敢于对别人说"不"开始。

第七章

自我价值感

> **"最严重的寂寞，是无法与你自己安然相处。"**
> ——马克·吐温

治愈之旅渐近尾声，为了实现最终的治愈，我们必须勇敢一点，下定决心追寻崭新的生活——按照自己的意愿去生活。

本章非常重要，将确保我们进一步向"少一点做别人，多一点做自己"的目标迈进。我们将了解现阶段如何看待自身的价值，并提高自身的价值感，从而勇敢追求我们想要的，并且有能力掌控自己人生的幸福。

你将拥有更健康的情绪，拓展你的人生观，分析你目前拥有哪些优势可以使你拥有更高的自我价值感；同时，你会了解如何更好地爱自己，为心中真实的需求与渴望创造空间，活出真正的自己。

自我价值感是指一个人明白自己是谁，并欣然接受，它是发自内心的自我关怀、自我照顾和自我接纳的结果。拥有自我价值感并不一定意味着持续处于某种愉悦状态中，但至少是一种对自身温和的肯定。

一个人的自我价值感是从与人比较的困境中解脱出来的关键，

这就是为什么我要介绍大量相关研究和个人发展经历。

首先，我们要澄清一些可能的误解。拥有自我价值感不是：

● 你觉得自己比别人更有价值——并非如此。

● 不会犯错，不会失败——请回到真实的人类世界。

● 取决于别人对你的看法。

为避免其他假设和误解，让你更深入地理解自我价值，我认为自我价值包括：

● 你觉得自己是否足够好。

● 你的自我价值感取决于你怎样看待自己。

● 你认为你值得什么样的生活。

● 你认为你已经为迎接什么样的未来做好了准备。

● 你认为你应该属于哪里（或不属于哪里）。

● 你有多看重自己，如何向自己和世界证明你的价值。

● 你怎样评价自己，你觉得别人应该怎样评价你。

总之，自我价值感是一种心态，它建立在你是谁以及你做过的事。当你拥有足够强大的自我价值感，你不仅会主动寻找资源去改变，你还能适应自己的改变并一直保持下去。

自我价值感有强大的力量，它将我们的努力和行动连接在一起，使它们发挥最大的效用。

自我价值感决定与塑造了我们每天的生活、工作事业、创造力，以及为人父母、学习、社交媒体等经历。

自我价值感的重要性不容忽视，但它不是可以瞬间点亮的灯。在获得自我价值感的过程中，这是一个我们不断改变自己，持续取得进步的过程。如果不想受到比较心理影响，必须意识到自我价值感的重要性，并且掌握获得自我价值感的能力。

儿时，我们每个人都有满满的自我价值感

想想你认识的某个小孩，能回想起儿时的自己更好，那时的我们，可以毫无畏惧地表达真实的自己——唱歌，在泥塘里玩水，画出想象的世界，心里想什么就大声说出来。

- **想要什么就去获得**：从别人盘子里取食物吃，想玩什么就从玩具箱里拿，在爸爸妈妈的大床上玩得尽兴直到大人催我们睡觉。

- **一次又一次尝试**：学骑自行车总摔倒，在公园里爬树，生字发音不准确就翻来覆去地读。虽然身上跌得青一块紫一块，但摔跤犯错是小孩子生活的一部分。

- **随心所欲**：穿着尿布到处跑，把最喜欢的衣服全都穿在身上，因为我们喜欢。玩弄脚指头，四处爬上爬下，完

全不管我们看起来会是什么样子，不管我们到底能不能
这么做。

● **学习生活技能融入社会：**怎么接电话、用刀叉、上洗手
间、过马路，学习所有生活中用得到的技能，只是单纯
为了长大，而没有其他的目的。

● **问问题：**小宝宝从哪里来？为什么人有臭味？我们的好
奇心无所不在，从不畏惧发问。对于不知道的事情，我
们也不感到害怕、担心或者羞耻。

知道我们的需求，因为那是来自我们内心。饿了？太热？太
冷？要抱抱？明确表达出来让人知道，别人就会满足我们。

随着我们逐渐长大，更多地接触社会，一切都改变了。我们与
生俱来的自我价值感，以及与世界的相处方式，开始发生改变。

● **我们开始比较。**与他人竞争排名，以衡量自己的进步。

● **我们将一些身外之物看得重要，将它们看作成功的标准。**
比如财产、知名的朋友、学历、职位、社交媒体粉丝数等。

● **"没什么大不了。"**我们压抑自己的需求和感受，为的是
不让别人失望，或给别人带来不便。即便别人对我们不
尊重，甚至恶意相向时，我们也不选择回击，只是假装
轻松地说一句"没事"。

● **我们被别人牵着走，有时甚至遭受别人的霸凌。**我们做

事、说话，都要按照别人的意思，最终我们可能会向他人交出我们的决策权。

● **我们患上了"冒名顶替综合征"。**也就是说，不管我们多么有天赋、经验、能力，我们总觉得自己不够好，没有能力去做某件事。这种情况可能是担任某个职位，在大家面前做演讲，或是就某个主题写篇博客，害怕被人发现自己没有能力，害怕被人揭穿，觉得羞愧而丢脸。

● **我们关注对自己不利的证据。**我们不像儿时那样能够坦然地面对错误，吸取教训，弥补自身的不足，反而为自己的失败寻找借口。

> *"握住你灵魂中孩子的手。*
> *对于这个孩子，没有什么是不可能的。"*
> ——保罗·柯艾略

　　我们将童年的经历储存在体内，让我们相信世界就是这样运行的，以及"像我们一样的人"是如何生活的，我们要怎么说、怎么做才能在家庭和社会中生存。

　　当谈及我们的内在小孩时，归根结底它是来自过去痛苦的累积。当我们还是个孩子的时候，在某种程度上，我们对爱、接纳、养育和理解的需要在某些时刻没有得到满足。

与内在小孩对话

　　如果童年的这些负面经历没有得到关注与疗愈，将会为成年的生活带来长期的困扰与挑战。这些未疗愈的创伤会阻碍我们进步，还可能使我们重复童年的模式，我们会表现得像当时未被满足的九岁孩童那样。

　　我们不可能乘坐时光机回到过去改变历史，已经发生的经历无法消除；然而，我们可以照料你的内在小孩，安抚他，满足他现在以及未来的需要，最终获得疗愈。

　　在我成长的过程中，曾经有一个重要的长辈告诉我要安静内敛一点，不要大声说话，不可以张扬。我很快就陷入一种错误的信念：直言不讳，说出自己的想法是不对的，会让我变得不讨人喜欢。所以，我模仿那些说话轻声细语的人，刻意压低自己的声音，尽量少说话。

　　成年后，我内心那个被压抑的内在小孩在许多时刻被唤醒：

● 当有人主动跟我说，我说话或做事不合他们心意的时候，我会想"如果是我，我不会像他们这样主动表达想法……"，或者"你这么做，真是没教养……"当然我不是指被人指出错误遭到批评，犯错接受批评是成长的必经之路。我想说的是，我的内在小孩会觉得，这些都是你个人的观点，而我并没有问你的看法，我没有兴趣也不想知道。你们说这些话就是故意要限制我，就像我小时候长辈说的话一样。

● 如果我看到别人大胆地表达自己，并得到回报，就会触
　动过去的记忆，因为过去我不会主动表达自己的想法，
　不会主动追求机会，觉得这样做不讨人喜欢，像我儿时
　长辈告诫的那样，要内敛一点，不能太张扬。当我看到
　我关注的一个企业家被邀请做演讲时，我的负面情绪被
　触发了。我的内在小孩再一次体验到被忽视和压抑的痛
　苦，"为什么别人可以张扬个性奋勇拼搏，我却只能收敛
　自己、谨小慎微？"我内心的小孩让我变得心烦意乱，
　使我无法从这件事上获得激励与鼓舞。

　　即使三十年过去了，当时的画面在我记忆中依旧清晰，每次回
想起来，我的感觉仍然很强烈。每次当这段经历被触发，我的比较
心理就像烈火一样熊熊燃烧。

　　在第三章，我们练习了想象未来的冥想训练，帮助你看到自己
的潜能、愿望和未来的力量；而接下来我们要做的练习，是帮助你
与内在小孩联结，使他获得疗愈。

做以下练习时，请拿出便签或记事本记录你随时出现的感觉、想法、答案、灵感和想象。同之前一样，请跟随你的直觉，这是来自你潜意识的声音，不要让理性思维干扰你的回答。

首先，明确自己与内在小孩相遇的目的。这项练习你可以练习多次，每次练习获得的启发都会指导你的行动。

现在，请想象一下：

你的内在小孩正在你熟悉的地方玩耍，可能是花园、学校操场、教室，你向他走近……

你问候他，他也问候你。

你看着他的眼睛。

此刻，那双眼睛传递出什么感觉？是害羞？兴奋？平静？精力充沛？好奇？或是有些紧张？

你安静地坐在他旁边，让他放松，尊重他的个人空间，留意他的肢体语言。

接着你问他，"你今天过得好吗？我来这里是为了确保你得到应有的关怀、指导和爱。你现在最需要的是什么？"他的回答可能是几句话，可能是一幅画，或者一个手势、一种情绪、一种熟悉的感觉，根据他的年龄有所不同。

那么，他的反应是什么？觉察与接收此刻你感觉到的所有信息，无论一开始是否清晰。

像对待这个年龄的孩子那样，给他们自由的空间，温柔地倾听、理解他们，让他们自由地说想说的话，不要打断他们，你想到什么问题就问他们。

让你的内在小孩感觉到你对他的爱。你可以告诉他，你是多么爱他、关心他，希望他能够开心。如果你的内在小孩想让你抱着他，请满足他的心愿，把他拥抱在怀里。

当你感觉与内在小孩建立了联结，继续想象自己走回你的小屋。专注你的呼吸，伸展下身体，然后睁开眼睛。

　　这个练习可能会带给你不舒服的感觉，或者勾起儿时痛苦的回忆，并且它不能代替心理治疗。然而，这个练习可以让我们听到自己内心的声音，使我们尝试去滋养与重建内在受伤的部分，这部分创伤束缚了我们的思想，限制了我们的行为，使我们无法做出正确的选择或是更好地表现自己。总之，这个练习让我们以不评判的方式关照自己的内在小孩。

接下来，你会怎样照顾你的内在小孩呢？

　　这部分工作需要深入内心，它会揭开我们未意识到的脆弱一面，通过对这部分进行疗愈，我们会感到释怀与放松。这个练习让我懂得，长大以后的我该如何最大限度地呵护自己的心灵，并满足自己的需要。

建立并维持自我价值感

自我价值感会随着时间的流逝慢慢消失，在我们意识到这点前，我们会觉得自己一无是处。在阴郁的日子里，甚至感觉"我很好"几乎是不可能的。

拥有自我价值感让你处于自我接纳的状态，就像泡热水澡，你会感到温暖、恬静、全身心得到放松，有时一不小心拔掉浴缸底的塞子，我们会感到寒冷。

在下一节，你会检视自己生活的各个方面，找到自我价值感在哪里受到了损害，这样你就能停止困顿、迷茫的生活。

线索等待我们去发现。在日常生活中，我们在哪些方面退缩或隐藏自己，这说明我们觉得自己在这些方面没有价值。通过我们为自己制定的高标准和他人要求达到的标准，就可以发现。

我们呈现给外界的样子，影响别人对待我们的方式，也影响着自己在这个世界的体验。

如果你对自己感觉足够好，在生活中呈现出最好的自己，随时准备迎接与自身相配的机会、奖赏、经历，那么我们在生活中也会有不错的体验。

如果我问你，你是一台破旧的老车还是一辆豪华时尚的新车，你的回答是什么呢？

请允许我以此做一个比喻。想象你在一个停车场找停车位，有很多车，你在拥挤的车流间寻找空位。这时，你看到一辆破旧不堪的车旁边有个空位，但是这辆车破得保险杠都快掉了，全身都是剐蹭的痕迹和掉漆，一个车门还刷了不同的颜色。并且，它停得斜斜歪歪压到了两个车位间的中线。很明显，这辆车的主人根本没有好好爱护这辆车，开的时候很不注意，也不在乎外观。

你知道这辆破车旁边的空间确实不够大，老实讲，你会想就算你不小心在它的车身上剐上一道又怎样呢，车主应该也看不出来，这车已经这么破了，再多一道伤疤又如何？

当你办完事回来，你的车后面停了一辆崭新的豪华轿车，完美车漆颜色时下正流行，车窗玻璃洁净闪亮，里面的皮质车座比你家里的皮椅质量还好，而车改装的风格堪称艺术，简直令你大开眼界！你羡慕不已，并且你也意识到你需要面对它把自己的车倒出来，才能开出停车位！

你会非常小心地掌握好距离，生怕剐到那辆车，慢慢从它旁边绕过。很明显，这辆车的主人很有品位，应该是成功人士，而且很有"驶"命感（"爱驾驶"与"人生努力奋发"的双关语）。

比较一下我们对待这两辆车的不同态度，第一辆破烂车和第二辆名贵车。同一个停车场，同是停车这件事，但是对于不同的车的态度完全不同！而很多时候，我们恰恰觉得自己就像是那辆破旧不堪的车。

我们怎样看自己、谈论自己，怎样向世界展现自己，就会向外界传递出一个信息，那就是："我不太看得上自己，所以你也不用太看得起我！"当然，我们大部分人都是普通人，不能像詹姆士·邦德那样了不起，但是我们仍可以给自己更多的关心和爱护，重视自己的价值。如果能做到这样，就像停车的故事，别人对待我们的态度和行为也会改善，世界对待我们的方式也会不一样，我们的人生体验会更加美好。

这无关追求名利，我们只需展现出自己最好的一面，这就是自我价值的展现。

自我检视以提升自我价值

以非评判的客观态度，回忆一下你生活中有没有降低自己标准迁就环境的情况，记录下你是如何妥协的，这可能让你发现自我价值感是如何缺失的。下面的例子供你参考。

去餐厅吃饭，你会接受位置不好的座位吗？ 你会想"算了，没事儿"，因为你担心麻烦服务员？可能那个座位刚好在洗手间旁边，或者旁边摆着一堆没洗的脏碗脏筷，其实只要你提出换座位的要求，就可以换到主厅一个视野很好的位置。

你衣柜抽屉里内裤的状况如何？ 这个问题让我们有些难为情。当然，我们普通人用不着买名牌内裤，然而大部分人的内裤都是破旧的，或是褪色的。

你浴室里的毛巾是不是很久没换啦？ 是的，你会想，一个人离家工作那么辛苦当然能省就省，干吗要花额外的钱买新的浴室用品呢？但是，作为一个辛苦工作、追求美好生活品质的成年人，你不觉得应该给自己换一条柔软、舒服、全新的毛巾，而不是又硬又糙的旧毛巾。你的床单被褥也是一样——换一套自己喜欢的全新的床上用品。你需要给生活注入一些新的能量。

你的办公座椅是不是经常坐着不舒服？ 你工作的椅子绝对不能让你坐着不舒服或是容易感觉疲惫。你工作的座椅也好，其他工具也好，如果它们无法发挥更好的作用，那么换掉它！你值得使用舒适的办公用具让自己专心工作，发挥自身价值。在这方面不能将就。

从你的牙刷和梳子就能看出你是怎样的人？ 如果你的牙刷和梳子又脏又旧，你都不好意思给别人看到，那你确实应该升级一下。当然这两样物品不需要购买昂贵的款式，但是它们不能变成你的健康隐患。

你是否能游刃有余地掌控时间，准时赴约？ 离家上班，出去开会或是赴约的时候，你是否急急忙忙，嘴里念叨着"噢！糟了，迟到了"。迟到看似是个小问题，但是你的时间也是别人的时间，这点很重要。是否守时可以看出你是不是个可靠的人。没有时间观念，总是慌慌张张对你个人形象不会加分，并且让你时刻处在时间压力下，不利于心理健康。

你是否觉得湿着头发见人也没什么？ 这是不应该的——我们不是刚从健身房的更衣室里出来。一个拥有较高自我价值感的人会注重自己的仪表，体面而自信。

你是不是有存放多年只有在最重要时刻才用的东西？ —— 一瓶价格不菲的香水，你会不会买来多年一直舍不得用，或者一套高档内衣、刀叉餐具、精美的纸张、熏香蜡烛等等？你保存它们是为了等到一个最特别的时刻再拿出来使用，我理解你的用意，但是我想只有祖传的金项链或戒指才值得这样保存吧，衣服、香水、蜡烛，所有这些都开始使用吧，你的人生只有这么一次！

现在，轮到你来讲讲：

以上哪些生活习惯你也有？

你还有什么类似的生活习惯或怪癖，现在你意识到应该做出改变，因为你值得过上更好的生活？

还有在什么别的地方你会亏待自己，但发现这么做既没必要，也没什么好处？

你自己在哪些方面还不够好？

你家里有哪些物品已经破旧，或年久失修没有使用了？

记住你上面的回答，以及拥有更好更强大的自我价值感的渴望，
想想你可以在哪些方面提升你的生活品质。无论是多么微小的
改变，都能为你生活的每一个细节注入美感。

通过以上练习，如果你发现自己在某些方面没有好好对待自己，没有重视自己的需求，请不要沮丧。这是一个循序渐进不断提升的过程，你不可能一夜之间变成另外一个人，所以不要给自己太大的压力。接下来，让我们来看看有哪些提升自我价值感的方法。

越爱自己，越能提升自我价值感

在本书中，我一再强调要反思自我，提升自我意识，看到内心真实的想法，因为我们要对自己的人生负应有的责任。但是，你不需要对自己太苛刻，给自己足够的关怀与接纳，你才能更真实地做自己。

说到"爱自己"，我们总是简单地理解为对自己好点，早睡早起，给自己买好吃的款待自己！其实它有更深层的含义：对自己由内到外的接纳与欣赏，对自己所经历的一切，对今日所取得的成就由衷地感到满意，并心怀感恩。

下面介绍的方法，是我从亲密关系教练盖瑞·查普曼博士学来的，特别是他关于"爱的语言"的研究。正如查普曼博士所描述的，爱的语言是我们表达和接受爱的方式，而这些反过来又会影响我们内心的感受，以及我们能否感觉自己完全被爱着。

辨别自己爱的语言，思考当你是小孩子的时候，什么情况下让你感觉被爱着？或是，当你很想向某人表示你的关爱时，很在乎他，你会如何表达你对他的爱与欣赏？

根据查普曼博士的研究，有五种爱语（即表达、理解和接收爱的方式），我们每个人在不同程度上会有所共鸣：

1. **肯定的言词。**当别人表达他们对我的肯定，当他们觉得
   我聪明，欣赏我的时候，我最能感受到别人对我的喜爱。

2. **精心的时刻。**当我和爱人共度精心时刻，不受外界打扰，
   一起做一件事时，无论是一起购物，享受家庭时光，或是约
   会，我都能感受到被爱着。

3. **接受礼物。**当伴侣用心地给我买礼物的时候，我会有满满的
   被爱的感觉。

4. **服务的行动。**我很喜欢伴侣帮我分担家务，比如帮我洗衣
   服、照看狗，这样我就有时间去看望我的朋友。

5. **身体的接触。**当我和爱人拥抱、亲吻、抚摸，以及享受其他
   亲密之举时，我感到最亲密的爱。

看了以上几点描述，你觉得你的爱语有哪些？

好的，现在我们来看看这个问题：如果你的伴侣知道如何向你
表达爱，这很好。那你是否会经常对自己表达爱呢？你多久会向自
己表达最触动你的爱，让这份爱意充盈你的身心？

在减少比较心理的过程中，关键一步就是让自己感受到爱的滋养，感恩自己拥有的一切，满足自己的需要，认识到自己的价值。我们的目的是通过好好地爱自己，提升自我价值感。如果你都不爱自己，还能接受谁爱你呢？

下面是一些简单的建议，教你如何激活这份令人惊叹的自爱力量，让你每天精神焕发、活力四射。如果你的爱语是：

肯定的言词。每一天说些自我肯定的话语，表扬自己做得好的地方。在手机上设置提醒，每天看到弹出的通知，就开始为自己打气。

精心的时刻。在你的日程表上规划一个没有工作、应酬或处理其他事情的时间，只留给你自己，让自己可以得到休息、放松或做你喜欢的事。比如边吃午饭边听音乐，做一小时的 SPA，或是在家里点上香薰蜡烛，静静享受阅读时光。

接受礼物。每个星期给自己买一束花。每两年给自己送一份珍贵的生日礼物。

服务的行动。可以请别人为你提供帮助或服务，让自己不必为一些琐事烦恼。比如，请个保洁帮你做做家务。

身体的接触。洗完澡后，花一些时间用保湿霜按摩全身的肌肤，让自己放松下来。不要舍不得为自己花钱，买衣服时考虑购买亲肤面料的服装。

定期通过以上的爱语与自己沟通，点燃内心的热爱，用源源不断的爱滋养自己，这样你就能感到内心强大而富足，满怀热情，创造出适合自己的完美人生，你也不会再和他人比较。

接受别人的称赞，即使你有些不好意思

你是不是宁愿我不要谈这个话题？当别人夸赞你，感谢你出席某些场合，或是提到你的成就有多么了不起，你会不会感觉有些难为情，想要逃走？我知道你一想到这种情景可能就会起鸡皮疙瘩。

我们很多人都很擅长避免或是转移别人的赞美之辞：

- 直接拒绝这类言辞，就像挥舞手臂赶走飞来的苍蝇："你少来！"

- 快速称赞回去，就像快速丢掉手里烫手的山芋："哦，没有，你才真的很厉害！"

- 淡化自己的光环，把赞美的效果减到最小："是吗？那些都是过去的事！"

听到别人对你的称赞，你是什么感觉？

你会不会经常忽视自己的努力和成就？

能接受别人的赞美，说明一个人知道他自身的价值。大方地接受人的称赞，没什么大不了，地球照常运转，所以你不必反应过度。你不会被当作是一个傲慢的自恋鬼。你也不会因此依赖别人的夸奖，不是没人夸你就不再是你自己。你始终是一个很棒的人。

接受他人的赞美，这样你就不会辜负他们对你的好意。不仅如此，你还能减弱和人比较的声音，敞开心扉了解在他人眼中的你是什么样，看到、听到、了解你自身的优点和价值，意识到自己做的贡献。

那么如何回应别人的称赞呢？其实，用一句简单的话就可以，那就是"谢谢你"。

如果想要多说几句，可以把以下句子组合在一起：

"你能这么说真是太好啦，谢谢你"，或"非常谢谢你的好意"——别人的夸赞说到底是一个礼物，为什么不接受呢？

如果你从现在开始就使用这些回答，接下来你会听到更多对你积极的评价和赞美。当你可以了解你的自我价值，其实是打开了自己的心，去接纳这个世界对你的馈赠，你会有惊喜的发现。

接纳的力量

"新的关卡，新的挑战。"
——乔伊斯·梅尔

现在你已经对自己未来的人生产生了不同的看法，因为你正在发生积极的改变。以往触发我们比较心理的人或事物，以及自我批判、自我责怪、自我憎恨，已经失效。取而代之的是专注、自信、自我肯定与坚定信念；通过疗愈练习，我们会发现世界明显不同，发生着巨大的变化。

接下来，我们仍需保持自我觉察，并认真思考——这将决定我们能否继续积极地自我关怀、自我提升。

也就是说，我们将进入新的人生篇章。我们需要练习接纳的能力，其中最难克服的难题就是无意识的自我破坏——"个人上限问题"，即自己经过种种努力之后，内心阻碍自己获得应有的成功。

什么是"个人上限问题"（ULP）？心理学家盖伊·汉德瑞克在他的《伟大的一步》（*The Big Leap*）书中第一次使用了这个词语。

这本书包含了各种深刻的洞见，汉德瑞克认为我们每个人内在都有一个类似恒温器的装置，它可以将我们人生中的成功、财富、幸福、爱和情感设定在某个恒定水平，也就是我们每个人的"上限"。在这个限度下，我们处在一个舒适圈里，所以我们不会获得太大的成就，不会超过这个限度。

进一步来说，这意味着人们无法承受更美好的事物，这些事物让人感到陌生，他们会觉得自己不值得拥有。这些事物超过了内在设置的标准，当拥有超过标准的成就，自己可能会感到压力。为避免这一情况，人们潜意识里形成自我破坏的心理倾向，阻碍自己实现更长远的目标或获得更大的成就。

事实上，人类特别不擅长安逸的生活，一帆风顺的舒适生活反而让我们感觉不舒服——因为这样的生活挑战了我们设定的"个人上限"值。

举个例子，之前我的一位来访者，在个人财务问题上一直很痛苦，感觉自己很没用。她一直在为出国旅行存钱，但是当她的银行账户上有了一定积蓄后，她就忍不住在网上疯狂购物，买一堆自己根本不想要也不需要的东西。她感觉内心是在拒绝实现旅行目标，所以通过购物破坏自己去旅行的机会。

我们一直认为自己不值得过幸福的生活，所以潜意识里不会让自己太快乐，就会扼杀一些快乐的可能性。

我的另一位来访者在她的感情方面，也遇到了"个人上限"的问题。她发现只要她与男朋友的关系十分和谐，她就会主动引发一些口角，与男朋友吵架，终结两人原本的和谐。也就是说，当爱情升温到她自己习惯的"上限"时，她就会控制不住破坏这段感情，以免让它变得更好。

以下是否符合你的情况？

● 当你维持了一段时间的健康生活，身体各项指标良好，眼看着自己快要达到健康的目标，你突然开始不健康的生活习惯，破坏了这一切。

● 当你博客连载快写完时，你会不会突然给自己找个借口不再写下去？尽管读者对你的反馈都很好。

● 可能你的事业正平步青云，一帆风顺，获得了客户的认可和媒体的关注。但是突然你开始不回那些工作邮件，也取消了工作会议，尽管你一开始计划达到的KPI（关键技效指标）眼看就要完成了。

我们跌跌撞撞，不断破坏自己上升的通道，让自己回到之前更熟悉的状态。因为我们过低的自我价值感，让我们似乎无法接受或维持更高水平的幸福体验。

打破自我破坏的循环，向上成长

自我破坏具有破坏性，让人不断陷入"成功—崩溃—成功—崩溃"的恶性循环，并且这种模式会持续下去，直到我们开始意识到这个问题，并采取相应的行动！

如果我们没有觉察到内在潜意识的行为模式，我们的梦想就会像纸牌屋一下轰然坍塌，那么，我们该如何觉察这些破坏性模式呢？我们必须拓展自己对幸福和成功的接纳度。

简单来说，就像极限生存挑战，我们要拓展自身的能力，突破自身极限，进而适应环境。你必须让自己变得强大，只有足够强大你才能接受上天给你的礼物。打个比方，假如我们去爬珠穆朗玛峰，我们会去商店随便买个盒饭，然后蜂拥到机场，穿上大衣高唱"珠穆朗玛峰，我来啦！"然后直接开始上山吗？

这是不可能的。确定了登上珠峰的目标后，我们会认真地做好准备。收集登山需要的路线信息，考虑每一步在哪里驻扎，然后先抵达第一个大本营。我们驻扎下来，让眼睛慢慢适应高原的光线，让皮肤适应寒冷，肺适应在高海拔条件下正常呼吸。

我们会花时间反复测试、训练自己的体能，增加身体的承受力，当身体各个器官渐渐适应了那个海拔高度，我们才能继续向上攀登，抵达下一个营区。在那里，我们需要继续训练自己，增强体能，完成这一步，才能再向上攀登。

与设想的登山过程相似，要想留住成功和幸福，并一直持续下去，我们就要去适应它们，增强自己对成功和幸福的接受能力。

在现实生活中，我们应该尝试这样做：

当你刚刚付清了一笔款项，你的银行账户余额看起来很不错的时候。当你付清了账单，不要马上疯狂地消费，买些根本不必要的东西；你应该让这些存款好好留在你的账户。即使你现在赚得可能比从前多，那也不要花掉它。花点时间成为更自律的人，突破自我价值感的上限，你知道自己可以成为这样的人，而不是又开始自我破坏，让自己回到旧的行为模式，待在熟悉的舒适圈中，这毫无益处。你不需要买那个沙发，虽然你买得起。像一个拥有高自我价值的人会做出的决定，让世界看看你能存下 5 美元，然后等 5 美元积累成 50 美元，你能存下 50 美元，接着变成了 500 美元…… 向世界证明你可以存钱，并且钱会越存越多，证明你有拥有更多财富的能力。

当你拥有甜蜜的感情，处在幸福中时。你的感情生活非常好，并且持续了很长时间，你都忘了上次与伴侣吵架是在什么时候。但是，这恰恰敲响了你的"上限"警钟，你们的关系发展到一个新的阶段，你感到紧张。过去那个低自我价值感的你可能会挑起两个人的争吵，这是在重复自我破坏模式，潜意识里你不相信自己值得拥有一段良好的亲密关系。但是，现在你可以觉察自己这些想法，在日记上记录下你的这些破坏冲动，等这一刻过去，爱就会回来。超越这个上限，此时的你有能力接受更多的爱，并让其更长久存在。只要你愿意，你可以拥有一段健康、长久、成熟的亲密关系，因为你知道你值得拥有。

对于我自己来说，以前每当梦想向我招手，我看到它们即将实现时，我的"个人上限问题"（ULP）就总会出来干扰我。拿写这本书来说，每当我要开启自我破坏模式——逃避、自我否定，就有一个工具箱可以为我提供帮助，让我不会重蹈覆辙。通过这些方法，我不仅会实现自己的梦想，还能让它持续下去。

摆脱"个人上限问题"的方法如下：

- 暂停手中的事，评估当下的处境，看看目前新的人生阶段是什么样子。把你的手指放在脉搏片刻，然后轻轻拍打胸膛，这样可以减轻此刻因处于不熟悉的人生阶段而产生的焦虑。记住，当下的一切都是真实发生的。

- 接受成长必须伴随不舒服的事实，并为此做好准备。当身边的事情一帆风顺，你想要的东西触手可及时，随时警惕你的"上限问题"，觉察自己可能出现的自我破坏的行为模式。

- 让自己变得强大。欲戴王冠，必承其重。珍惜并感恩自己已经拥有的，提升自己追求更远大目标的能力。练习感恩，坚持写积极日记，记录下生活中积极的事情——你可以找到并守护属于自己的幸福。

● 和你信任的人谈谈心。在"个人上限问题"干扰我的时候，我通常会打电话和朋友盖尔聊天。通常我会这样说："只是想告诉你我老毛病又犯了，你方便听我发发牢骚吗？我遇到这么个情况……现阶段我感觉不太舒服，因为……"虽然只是一个 30 秒的语音留言，但你倾诉后确实可以感到安慰，并停止自我破坏行为。

● 记住这只是暂时的。当你尝试承受这种不适和不熟悉感，当你突破上限，坚持度过这段时期，你就不会再陷入自我破坏的模式。

● 深呼吸，放松一下。如果你察觉自己马上要和人争吵了，或是感觉坏事就要发生了，或是你在事业上一时冲动，要做个鲁莽的决定时……停下来，让自己深吸口气，慢慢吐出，然后……不要去做。做点其他简单的小事情转移你的注意力，洗洗脏衣服，出去走走，干些家务活儿，跟着最喜欢的音乐跳舞，让自己放松一些，让暂时的情绪过去。

　　现在，请回到第三章自己写下的目标，思考实现这些目标后，你的生活将会发生什么变化。

想一想当你取得一些进步或成就时,你是什么感觉?你的"个人上限问题"会在何时出现并影响你?

_____

_____

当你面前摆着通往人生下一关卡的钥匙,你会抓住机会让自己顺利过关吗?你可能会用到上面哪些方法?

_____

_____

这些方法是如何帮助你突破上限进入新的人生阶段,并且让你坦然接受属于你的一切?

_____

_____

_____

自我破坏行为建立在低自我价值感上。所以，我们越是感觉自己值得拥有爱、财富、机会、快乐，我们越不会产生自我破坏的倾向，反之亦然。通过觉察我们给自己设定的上限，告诉自己能够过上一种勇敢而真实的人生，我们可以逐渐尝试突破这些旧有的限制，挖掘我们独一无二、个人的，不能被其他任何人模仿的人生可能性，在这里我们可以完全做自己，很少和别人比较，就算有也是和自己比。

我要分享以下的话：

"我们最深沉的恐惧并非我们自己无能为力，
我们最深沉的恐惧是我们自己强大而无法测量的力量。"
——玛丽安娜·威廉森

经过对自我价值的探讨与练习，我希望现在你意识到：你是如何给自己的自我价值感设限的。

我的来访者发现，通过提升自我价值感给人生带来的改变，就好像为人生打开了一扇窗，让新鲜的空气注入我们的生活。另一个发现是，我们能够追求并拥有自己向往的事物，而不必等着别人赠予。

尽管如此，也请你在此阶段不要对自己太苛刻，因为巩固新的思维方式与行为模式需要时间。

3
PART

健康生活

第八章

生活可以不再比较

"我想，我会一点点地解决我的问题，并生存下去。"

—— 弗里达·卡罗

在古希腊人眼中的世界文明中心德尔菲圣地的阿波罗神庙，有一句话："认识你自己。"后来苏格拉底又加了一句："未经检视的人生不值得过。"

我们已经进行了很多深刻的自我检视；在治愈比较心理的过程中，我们对内在心灵与外界环境进行了彻底的探索、觉察与反思。

在这个过程中，或许你和我的来访者一样，经历了欢笑、泪水，从不舒服到释怀，既有过痛苦的时刻，也有"啊，原来如此！"的顿悟时刻。现在，我希望你已经对自己有了深入的了解，也会继续保持自我反省与觉察。

欢迎来到最后阶段

本书旨在激发你对自身的反思，使你看到自身的天赋、才能、资源以及人生中可能遇到的障碍，让你的生活发生一些改变。最终，提高自我专注力、自信心，以及重建自我价值感。

最后一章包括成功治愈比较心理的重要工具、实践方法和理念。这些工具和方法使我们每天专注于自己的生活，调整看待世界的角度，转变思维模式并保持积极的人生态度。

在本书开篇时，我说过要为你提供切实的指导，避免你在接下来的生活中再次回到过去的不良习惯，偏离真实自我的轨道，或者陷入焦虑沮丧的消极情绪。所以，我列出每一章的精华内容，作为全书内容的梳理，也供你在需要的时候随时查阅。

比较心理的诊断

第一章：与比较心理为友

- 警惕比较心理的触发点。如果你注意到哪些事情引发你和别人比较，回顾自己的价值观和目标，提醒自己回到自身的道路。

- 如果你发现你在以别人的成就来衡量自己，无论你是否认识那个人，同样回顾自己的价值观和目标，把自己带回到当下。

- 了解自己是哪种人格类型，了解人格特质会使你陷入怎样的比较心理困境，学会利用自己人格特质中的优势。

- 通过你的比较心理与行为，觉察内心真正想要的东

西——避免陷入嫉妒的深渊，摆脱这种心理状态，继续
走自己的路！

第二章：了解真实的自己

● 时刻提醒自己，展现真实的自己，让真实的自己引领你
前行。

● 重温此章你的思考：怎样才是真实的你，真正的你会怎
么做、怎么说、有什么感觉。

● 多听听真实自我向导的声音，让它的声音指引你在现实
生活中行动。拍打胸膛可以激发你内心的力量。

● 确定你想要的东西是真正令你心动的东西，可以激发你
的灵感，让你获得动力。允许自己有迷茫不确定的时候，
但不要草率地做出决定。

第三章：了解你真正想要的

● 记住成功只属于你自己，只有你可以定义自己的成功。

● 那些老生常谈、过时的人生目标，不能给你带来长远的
好处。每天按照自己的价值观努力生活，才能使你在追
求梦想的路上越走越远。

● 当你陷入各种比较心理困境时，你可以找到自我觉察的

水晶球，让它带领你迈出正确的一步。

● 经常用"引领你的关键词"为自己导航，让自己准确地向着自己的幸福和成功航行。

● 不要忘记运用你强大的想象力，视觉化你理想的未来，创造你的未来愿景图，并经常想象它。同时要经常重温自己的"完美日"，提醒自己从这一刻起该如何实现它。

● 你已经制定了自己的目标，确保自己是在朝着这些目标前进，并做出必要的改变——你会在自己的人生路上坚定地走下去。

比较心理的疗愈

第四章：专注力

● 专注于此时此刻的你，而不是和以前的自己比较。

● 意识到自己最宝贵的资源——时间花在哪里，这样你可以控制自己的精力，保存能量，以免消耗。

● 合理安排好工作日和周末的时间，不要在休息时想着工作，从而保持好心情及专注力，就不会产生一些无意义的想法。

● 不要钻完美主义的牛角尖，要知道有进步总比没进步强！

● 其实你比想象中拥有更多的资源，利用你现有的资源，迈出下一步，不要偏离你的道路。

● 合理使用电子产品，避免过度沉迷网络，这样你才能获得放松、收获信息。

● 杂乱的房间会让人失去做事的动力，好好收拾房间，让房间的能量流动起来，释放你的活力，整个人精神焕发，才能更专注于自己的事情。

第五章：自信心

● 意识到成功和进步也可能让我们不舒服，有时甚至会产生一些消极想法，阻碍我们前进的脚步。然而，成长和优秀并没有什么不对，不要害怕自己变得优秀。

● 保持自信，同时允许自己有不自信的时候。日日是好日，没有糟糕的日子这回事。

● 你随时可以在说话、处事方式、行动三方面做出些改变，从而增强自信心。找到适合自己的方式，展现自己的风采，过自己想要的生活。

第六章：创造环境

● 成功的机会到处都是，人人都可以成功，别人的成功并不意味着你的失败。

- 摆正心态、放宽心，相信人生中每一件事都自有安排。

- 看看你周围的人，你会发现成功的故事比比皆是；与过去的自己和解，心怀感恩，砥砺前行。

- 人与人之间相互学习是为了激发个人的灵感，不要完全照搬和效仿他人。

- 你可能需要调整好友名单，学会鉴别身边的朋友，选择值得交往的朋友，从而获得积极的影响，不断提升自我，创造你想要的生活。

- 在脑海中想象你愿意邀请与你同坐一桌的五个人，创造有利于你自身发展、让你发挥潜能、稳步上升的人际环境。

- 保持个人边界，学会拒绝别人，从而拥有更多的个人空间，取得进步。

第七章：自我价值感

- 你对自己的评价和看法，你感受到的自我价值，对你的人生会有重要的影响，所以培养你的自我价值感吧。

- 你的内在小孩影响着长大后的你，温柔地倾听内在小孩的声音，这会帮你成为想要成为的人。

- 人生各个方面都可以反映出自我价值——留心记录下这些体现自我价值的地方，慢慢提升你的自我价值感。

● 你越爱自己，越拥有更高的自我价值感。所以，识别自己的爱语，把它运用到你的生活中。

● 提高自己的接受能力，接受世界给你的礼物 —— 赞美、财富、机会，保持开放与接纳。

● 当胜利在望时，我们每个人潜意识里都会有自我破坏的习惯，觉察自己的行为模式，突破想象中给自己设定的上限，相信自己可以拥有更广阔的天地。

● 能力不足不可怕，可怕的是你能力强到超乎你的想象！

你的新常态——当心双重打击

注意你的思想，它会变成你的言语；
注意你的言语，它会变成你的行动；
注意你的行动，它会变成你的习惯；
注意你的习惯，它会变成你的性格；
注意你的性格，它会变成你的命运。
—— 撒切尔夫人

　　关于自我成长，我们现在知道哪些方法是有帮助的，就会更多地运用到自己的生活中。话虽如此，我们也有可能走到这些益处的反面，比如运用我们所学的道理，自我觉察去批评自己，这就变成了双重打击！

　　"哎！我刚看到他们度假去了！而我自己还没完成存钱计划，

还没攒够去旅行的钱！我怎么这么无能、失败！"这是对自己的一重打击。

然后，你继续对自己说，"噢！不行，我不应该跟人家比较！我真没用，只能嫉妒人家的生活！"这是对自己的第二重打击！

同样的情形也可能发生在：好长一段时间内，你已经可以表达自己的真实想法，与他人保持合理的社交边界，你很喜欢这样的自己。突然，某次不小心答应了一个同事的请求，结果破坏了好不容易建立起来的社交规则，所以又回到自我埋怨、自暴自弃的状态中。

但是，在通往自由生活的道路上，类似情况在所难免！这只不过意味着，每次考验来临时我们没能快速反应，采用理想的方式去应对而已。

一次无心的失误，小于1%的错误率并不代表你这一天就毁了。你要使自己摆脱由于比较造成的强烈而不稳定的情绪，避免陷入大喜大悲的恶性循环。我们的治愈之旅，或者说成长路线，不是一条完美、毫无曲折的直线，它更像是一条波浪线，整体上趋于平缓，中间不乏小小的曲折，这是我们要建立的生活的新常态。就好像一个平静的湖水，心绪难免随着水面上的涟漪波动起伏，但你的情绪不会像狂风暴雨般大起大落。

按照莎拉·鲍威尔（"庆祝你自己"概念的提出者）的说法，"人生中没有不好的日子"，这是一句多么简单美好的话。让我们尽己所能，尽力保持那些良好的行为习惯，永远追求进步，不执着于完美。日日是好日！

寻求帮助

你很强大。

你能够成功。

你有能力。

你有潜力。

我从内心深处相信，对于你来说，以上这些都是真的。

人生路上不必总是一个人独自前行，你可以接受别人的帮助，同时保持自身的独立，继续努力。

我自己以前就有"烈士情结"，对于压力、责任都要一个人扛，并引以为荣，但到头来我患上了边缘性肾上腺疲劳症。对于以前的我来说，向别人寻求帮助意味着我很弱，或者我很糟糕，我不懂得处理自己的人生——虽然事实确实如此，压力下我很少能有较好的表现，所以我总是咬紧牙关独自面对！

在那时，当我发觉前行的脚步变得缓慢，人生举步维艰，我改变了这种做法，决定看看别人是否愿意给我提供帮助。渐渐地，虽然心里仍然充满忐忑，但我能去接受我需要和想要的东西，而无须苦苦挣扎。向别人求助这一招虽然不一定有效，但这种愿意接受别人帮忙的姿态，让我们变得勇敢，也给了我们动力。

现在的我已经懂得如何向别人寻求帮助。我之所以可以让自己学会寻求帮助，一部分原因是我已经摆正心态，相信只要付出努力，该来的自然会来；另一个原因是，我也并没有把自己束缚在唯一的解决方法或结果中。

当我们向别人寻求帮助，也是为个人进步创造了可能的机会。

当向别人顺利提出请求的建议，无论是找朋友帮忙，向伴侣求婚，或向上级申请工作延期，还是向大公司申请财物预算的支持，下面的建议都适用。

不要认为帮助你是理所应当的。为了获得最好的结果，最重要的一点就是摆正你的心态，不要表现得你就应该得到帮助，人家帮助你是多么理所应当的，无论你的理由是什么。可能你的薪水确实有待提高，可能你是网络电台的人气主播，甚至上过电视，但这并不代表别人就应该帮你。给别人施加压力很可能会起到反作用，所以不要太理直气壮。你的表达应该清晰自信，而不能咄咄逼人、一味索取、不懂感激。

我之前一个来访者离婚分财产后自己需要用钱，他知道他的合伙人有一笔存款有可能借给他短期使用。尽管如此，他不想直接强硬地开口去借，因为这样会令他的合伙人有压力。他请这位同事吃饭，其间试探性地提到借钱的事，看看同事的反应。然后，他说："谢谢你可以听我讲我的处境，我不干涉你的决定，如果你刚好方便的话，那确实可以帮我一解燃眉之急。"他的同事听完考虑了一下，结果就答应了他的请求。

充分了解你求助的对象。我们请求帮助是为了服务自己，帮助自己渡过难关。但是，这并不仅仅是你一个人的事。你要展示你的诚意，让你的请求对象知道你有花时间做功课，了解并熟悉他们的相关情况。

我有一个朋友，她的网络电台每周听众量上百万，很多经纪公司都想让旗下的艺人上她的节目。但是在众多的邮件中，大部分跟她联系的人都对她的节目理念一无所知。对于这样的邮件她会直接删掉，更不要说回信。只有那些在邮件中表现出自己有花时间去了解她节目的人，她才会去注意。

提供一种平等互助的关系。 在任何情况下，为增加别人接受请求的概率，你需要让对方感觉到你们是互帮互助的关系。这并不是说一定要付出经济报酬，或用什么好处来引诱别人；而是要让对方知道你尊重这个事实，承认对方拥有帮助你的能力，并且无论对方是否愿意提供帮助，你都尊重他的决定。

比如，你想让婆婆周末帮你带下孩子，你不需要直接问她是否有空，可以先提议下周要不要自己开车带她去看她的朋友。

或者，你只需说："如果将来需要我的时候，我一定会伸出援手！"这也能够令你顺利得到帮助。

不要只寄希望于一个求助对象。 记住能帮助你的不只某个人。当其他人不能及时提供帮助时，再找其他可能的求助对象，你可以这样问，"如果您确实帮不了忙或者暂时抽不出空，那么您能推荐下其他人选吗？这样我就不用麻烦您了！"对方很可能会把你推荐给可以帮到你的同事。

致谢与保持边界。 当你说出自己的请求，无论是以口头或书面形式，结束时都要以友好而礼貌的口气结束。这时候我们该说，"谢谢您耐心地听我说完 / 看完这封邮件"，或者"**谢谢您抽出宝贵的时间**"。

另外，我们也要注意与对方保持社交边界，不要再继续发问，不要让对方觉得对你有所亏欠，或是感觉被我们道德绑架。比如可以这样说，"期待您方便时与我联络，"或是"希望这对您有用，我很愿意倾听您的想法。"而不是"希望能尽快收到您的答复！"或仅仅是突兀地问一句，"您有什么想法吗？"

保持联络，不要放弃。好啦，现在你已经知道如何发出"请帮助我！"的讯号，尽管你的措辞诚恳而得体，但对方一直没回复。这时，最重要的一点是我们站在对方的立场上考虑。可能收信人工作繁忙，正处于你不知道的压力中。有时你的事情对于对方来说并没有十分重要。当然，有时对方根本不想帮你，这有些令人沮丧，但并不是你的问题。

扩大寻求帮助的范围

请记住，大部分人还是愿意为你提供帮助，特别是那些认识你的人！所以，不要怕，必要时把你的需求告诉身边的人，利用你的朋友圈找到解决的办法。如果你真的认为自己无计可施，在搜索引擎上又找不到什么办法，你也可以去社交媒体上发帖寻问。

"有谁知道这个地区哪里可以找到维修水管的工人？"

"有谁知道公司的联系人？"

"有没有人用这项技术做过业务？值不值得投资呢？想听听你们的看法，请给我留言！"

我们在通往成功的路上往往需要他人的帮助，众人拾柴火焰高，向别人寻求帮助也是你为实现成功做的一件看似微小但有意义的事。你会惊喜地发现，有那么多人愿意伸出援手，助你一臂之力，在他们的帮助下你会过上你想要的生活。

让我们想想，过去有没有向别人请求帮助但不太顺利的情况？

怎样去改善我们求助的过程和求助时的态度？

想一想你最近一次向别人寻求帮助的经历，你想让对方从你的话语中了解什么信息？

在这次求助过程中，你希望对方听完你的话后是什么感觉？

　　寻求帮忙让我们专注于自己的道路，保持前进的势头，因为通过求助，你是在向世界也在向自己证明，你没有守株待兔，等待着好事从天而降。你知道自己在努力寻求解决问题的方法，这对实现自己的目标有重要的意义，同时也表明了你的决心，因而你会振作起来，踏实做事，安心睡觉。

不要半途而废，是时候全力以赴了

　　在治愈之旅开始我们说过，要常看你写的笔记和为自己制定的行动时间表。现在你已经拥有一份人生目标清单，不过也并不必急于完成上面列出的所有事情。

　　现在，请你打起精神！为了获得最终的成功，请你先挑出最重要的一两个目标，完成它们，然后再继续下一个，你会看着自己一点点进步，最终获得了不起的成就。

　　与其对着一长串目标一筹莫展，慢慢放弃，不如把所有的精力放在你最重要的一两件事上，重点攻克，有方向的努力更容易取得成果。

　　所以，在实际生活中可以这样：先规划出最重要的两三个目标优先完成，然后每天为达成这个目标做点什么。

　　可能是为你即将开播的网络电台上网搜寻一款你喜欢的话筒，或是整理你的衣柜，或是检查自己在网站上传的简历有没有错别字。

　　这些微不足道但意义非凡的小事，如果可以好好完成，你一定会有所收获，因为你并没有停止进步，这一点是最重要的。这样，你可以在周末好好休息，恢复精力，而不是加班加点地继续做事，没有一点喘息的机会。

最后的宣言

现在，请对自己做出最后的宣言：少一点做别人，多一点做自己。坚守你的承诺。

请完成下面的练习，以记录你如何下定决心履行"比较自由"的承诺。

我感谢的是…… 我会继续…… 我会坚持……	我要让自己摆脱…… 我要让自己不再……	我需要…… 我欢迎……

记住：

所谓"酷"是骗人的。

所谓"人气"是骗人的。

所谓"流行"是骗人的。

所谓"时尚潮流圈"是骗人的。

所谓"网络爆红"或"吸人眼球"也是骗人的。

媒体上代表价值和影响力的数字也是骗人的。

网上所谓"下一个……"的描述也不是真的。

那么，你知道什么才是真实的吗？

你自己。你的梦想。你对人生的憧憬。

你解决问题的智慧与资源。

你的能力。你自己的道路。你自己的故事。

从今天起就开启你真实的人生，好吗？

你自己真实的人生。

比较令我们活得像被生活拒之门外，偷窥别人的人。每当你有这样的感觉，将你的食指和中指轻轻搭在脉搏上，感受这一刻的你，回到真实的自己，比较的迷雾将无处遁形。

现在就开始你自己的生活吧。

爱你的露茜（Love Lucy xo）

@lucysheridan

鸣　谢

人们说养育一个孩子需要举全村之力——他们是对的。我要借此机会对以下人士致以深深的感谢，没有他们，我无法完成这本书。

感谢艾毕，谢谢你从第一天开始直到现在对我的信任与关心。有你做我的经纪人我一直很开心。

感谢梅根和提姆·格里姆对我莫大的关心和在整个过程中付出的时间。

感谢母亲、父亲、欧利、小艾和奥斯卡，谢谢你们对我一直以来的支持，让我勇于做自己。感谢莉兹、理查德和查理，你们是最棒的亲人。

感谢罗鸥，你是我的心灵疗愈人。小女孩，给你我诚挚的爱。

感谢盖尔·艾·肖克，为了我们的友情，也为了每次我在手机上给你发那么多情感研究方面的留言，你都同我分享了你的见解。

感谢我所有的亲人，特别是我在爱尔兰的祖父、祖母。感谢你们的牺牲，你们的爱和为做出决定所付出的一切。想起我身体中留着你们的血让我坚强，给我精神上的支撑。

感谢真实自我的向导一直引领我的认知。

感谢佐伊·苏格这么多年每次在我情绪快要崩溃时都充当我最热情的啦啦队，为我鼓劲加油。

感谢凯特·布什、史蒂夫·尼克斯和格雷斯·琼斯帮我克服写作时遇到的障碍，让我灵感不绝。

最后，感谢奥利安·斯普林的梦之团队，特别是奥利维亚、艾米莉和鲁对我的指导，以及你们强大的能量与热情。